COL. JOAN BADIA

FOTOS: COL. JOSEP PAÜL

Unos jóvenes Joan Badia, Emilio Albir y Josep Lalueza (de izda a dcha) en 1974, en los tiempos que "descubrieron" Montrebei. A la izquierda, Josep Lalueza abriendo el desplome de la *Paül/Lalueza* en 1979. En el centro, Josep Lalueza y Joan Badia con Santiago Domingo, el último habitante de Estall, a quien dedicaron una vía en 1981. Y a la derecha, Eduard Ruiz abriendo el primer largo de la CADE, un 20 de mayo de 1972.

que llegar hasta allí era prácticamente una expedición en esos tiempos, y más teniendo en cuenta que el tiempo libre era muy limitado, pues se trabajaba también los sábados por la mañana. «Por entonces todavía rapelábamos con la cuerda en la espalda, todavía no conocíamos ni el ocho. No sé cómo no hubo más accidentes...», rememora Emilio. Las anécdotas de esta apertura abundan, como cuando instalaron un cable para cruzar el río y decidieron pasar sin ropa para no mojarla, pero subió tanto el cauce que uno de ellos se quedó al otro lado, en pelotas y descalzo, y tal cual tuvo que ir al pueblo más cercano caminando ante la imposibilidad de volver a cruzar el río. Finalmente, entre idas y venidas con distintos compañeros, Joan Badia, Paco López, Emilio Albir y Joan Marí culminaron la CADE en 1977.

Aperturas más rápidas

Entre el 31 de marzo y el 1 de abril de 1979, Joan Badia, Josep Paül y Josep Lalueza abrieron el *Espolón Sur* de la Pared de Aragón, que consiguieron superar solo con pitones, tacos y asegurándose a las sabinas, una aventura que recuerdan como «muy satisfactoria». El 6 de mayo de ese mismo año recorrieron la *Paül/Lalueza*, entera con bota rígida, como cuenta Paül: «Por entonces ya se empezaban a ver los primeros pies de gato, pero nosotros todavía fuimos con las botas», rematándola en 10 horas de escalada y sin poner un solo buril. De aquel día también recuerda la sorpresa que tuvieron cuando, al ver que la pista que habían encontrado era transitable, volvieron a por su ya castigado Citröen 2CV que habían dejado aparcado al inicio y pudieron llegar hasta un pra-

COL. JOAN BADÍA

Vía del Rigol
(330 m, 6c o 6b/A2+)

*Esta es la última apertura que realizó Joan Ba-
dia en Montrebei, en su querida Pared de Aragón en 2007 (30 años después de haber abierto
la CADE), junto a Toni Aragón, Aleix Roig, Jordi
Salvany y Francesc Albesa. Dedicaron la vía a
Josep Rigol, compañero de aventuras desde los
inicios y otro asiduo de Montrebei, aquejado por
una enfermedad (de la que finalmente falleció
el año pasado). Recuperamos parte del texto
escrito por el mismo Rigol en su blog –Largo, difícil y en libre– valorando esta actividad.*

HOY en día, con la relajación de algunas normas no escritas, uno puede
abrir una vía entrando y saliendo de
ella por arriba o por abajo sin ningún remordi-
miento. Puede diversificar los ataques en fines
de semana, robados a otra vida, durante un
año entero. Puede hacer uso de situaciones
de inversión ética –cada maestrillo su librillo–
abriendo un tramo en artificial para luego
cambiarle la cara y poder escalarlo en libre
posteriormente. Puede decidir finalmente qué
grado de dificultad y exposición tendrá la vía.

Nada de lo anterior es bueno ni malo, al
contrario, sigue los estándares de hoy para
lograr una ruta bien creada –que tiene y
está– garantizada con las sus-
tancias adecuadas para pasarlo bien escalando.

La progresión que experi-
menta todo escalador a lo largo de su vida activa no es sólo
en grado y psique, también lo
es en el modo de gozar de su
experiencia. Llega un día en
que uno se encuentra pletóri-
co de maestría, con más de
tres décadas *on the road* y más
tiros pegaos que una escopeta

de feria, y como que esto ya no es lo que era,
se dispone a dejar rastro –quizá el penúltimo–
con una nueva ruta en un buen lugar para sus
posibilidades.

Para transmitir el testigo generacional,
Joan Badia (53) –un hombre con 9 vías en la
Pared de Aragón– introduce a Aleix Roig (28)
en las intimidades de una apertura en Montrebei, acabarán intercambiando conocimientos. Están en la misma furgoneta también:
Francesc Albesa (47), Toni Aragón (55) y Jordi
Salvany (46). Son adictos incorregibles al vacío, a la birra y a las situaciones un poco pelia-
gudas (no sé si es el orden correcto).

Uno ha dejado de fumar porque cuando le
da la risa tonta –con la tos y los lapos– se cae
de las reuniones; otro se entrena en el plafón
con una sonda en la vejiga para acabar cu-
rrándose los largos más difíciles, al de más
p'allá el médico le ha dicho que se quite de
escalar por las fístulas diónicas de los dedos y
el siguiente sufre en silencio. Sólo se salva el
mozo –está más fuerte que una copa de soly-
sombra en ayunas– que no parece tener problemas psíquicos ni físicos. Da gusto ir con un
tipo que respeta las canas y no discute con
los viejos, toma la alternativa, pliega las cuerdas y luego paga el café.

A ojos del voyeur aficionado –los del Guar-
diánentrelospinchos– los tipos se han curra-
do una vía que podría llegar a ser una clásica
de mediana dificultad. El tiem-
po dirá si la vía vale la pena y si
veremos cómo se sitúa entre
las clásicas del lugar. La aproximación es de las más cortas
de la pared –la misma que
para la *Santiago Domingo*- el
horario como para pasar una
sesión completa y el material
"sí a todo", pero sin martillo,
que duele menos.

Josep RIGOL (2007)

do, lo que facilitó enormemente a
partir de entonces la aproximación
a la Paret de Catalunya. Unas aperturas que realizaron cargados con
sus tacos, clavos, buriles, espitador
de mano «y nuestro tabaco, que no
podía faltar en esos años».

«No había absolutamente nadie
en esa época, era una naturaleza
salvaje. Teníamos una sensación
total de estar lejos del mundo, de la
civilización...», recuerda Josep.
Joan añade: «Imagínate, ponerte
allí delante de la pared aquella y saber que no había nada abierto, la
verdad es que fue una gozada. Yo
lo he vivido como un privilegio el
poder estar ahí y abrir esas líneas».

Sana rivalidad

La información era tan escasa
que, otro día de 1979, se metieron
por una gran chimenea de la Paret
de Catalunya, pensando que estaban abriendo un nuevo itinerario,
pues no encontraron nada en
todo el recorrido. Pero resulta
que esa línea (aunque con una entrada un poco diferente) ya estaba
abierta por miembros del GEDE –
tal y como se conoce hoy la vía–
en 1970, quienes inauguraron la
escalada en esta pared pero prefi-
rieron no publicarlo para reser-
varse tanta roca virgen.

«Es cierto que había algo de afán
de abrir los primeros y de ahí el se-
cretismo. A mí personalmente no
me importaba demasiado», co-
menta Josep, «luego ya cuando se
corrió la voz vinieron sobre todo
escaladores franceses y empezaron
a abrir vías magníficas. Alguna vez
coincidíamos con ellos y mantení-
amos muy buena relación».

El siguiente hito del grupo fue la
Santiago Domingo, en honor al último habitante del pueblo de Estall,
que Joan recuerda con afecto:
«Siempre muy amable y hospitala-
rio. Al volver nos decía "qué, ¿ya os
habéis ganado el jornal?" y se reía.
Pero a la vez se preocupaba mucho
por nosotros, andaba a vernos por
debajo de las paredes y nosotros le
gritábamos que se apartara, que le
iban a caer piedras».

Con los ochenta llegó el cambio
y los nuevos materiales, los pies
de gato con suela adherente, los
friends... Y este grupo de amigos
no dejó de visitar Montrebei apor-
tando otras ya grandes clásicas,
como la *Cistus Albidus* (por Emilio
Albir, Joan Badia, Jordi Lalueza y
Josep E. Paül en 1983), que bautizaron con el nombre de esta flor
de la zona; la *Pilastra de Voltors*
(por Joan Badia, Jordi Lalueza y

COL. JOAN BADÍA

FOTOS: COL. JOSEP PAÜL

Josep E. Paül en 1986) «donde estuvimos una jornada entera para poner 6 o 7 buriles», cuenta Josep.

Sobre la apertura de la *Jim Bean* en 1986 (las botellas de whisky Jim Beam no faltaban en su equipo), Emilio recuerda que uno de los cuatro compañeros tuvo una caída ya cerca del final, se rompió el pie y tocó salir a buscar ayuda. Consiguieron volver con el helicóptero, pero no tenía torno para alzar al herido, tuvieron que ir a dejar a Emilio en tierra por exceso de peso (y porque no tenía ninguna intención de quedarse en la peligrosa maniobra que pretendía hacer el helicóptero) y finalmente pudieron sacarle de allí con un cordino. También Emilio participó en *La Barra del Bar* en 1987 con Josep Rigol y Nestor Bohigas, otra gran ruta que hoy se hace gran parte en libre.

Cuarentones y más

Pasamos a los noventa con *La Napia*, que abre gran parte de este grupo (Emilio y Mingo Albir, Joan Badia, Josep Rigol y Josep Paül, en 1992) y que llamaron así «por una prominencia de la roca que recordaba a una nariz», cuenta Paül. Y al año siguiente, con *Los Cuarentones*, abierta por Joan Badia y Emilio Albir, dejan constancia del paso de los años, pero no de la motivación. Ya en el año 2000, de nuevo ellos dos junto a Josep Rigol y Francesc Albesa suman *Puñalada Trapera*. Todas estas están en la Pared de Aragón, que es claramente la favorita de Joan: «Creo que es una pared más compleja, más variada en cuanto a morfología, con desplomes, grandes diedros... ». Solo una de sus aperturas, la *Spaghetti*, está en la Paret de Catalunya, pero ni él mismo la recomienda: «Va por una canal llena de vegetación y la verdad que la abrimos porque era muy evidente, pero estaba más sucia de lo que parecía».

Los tres siguen hoy en día con sus dosis de escalada siempre que pueden, ya no tanto en Montrebei, pero sí por muchas otras zonas cercanas e incluso abriendo vías, como en Montsec de Rúbies, donde Joan Badia y Joan Salvany abrieron en 2020 la *Front del Pallars*.

Cuando han vuelto al congosto, la nostalgia es inevitable, como lo expresa Josep Paül: «La última vez fui hace unos 10 años, con Joan Badia, escalamos una vía. Es muy bestia el cambio. Me da un poco de pena verlo ahora, con esas masas de gente. Me disgusta que hayan abierto esas escaleras a Montfacló. Estoy de acuerdo con el puente, pero las escaleras no eran necesarias; hay caminos clásicos de toda la vida que son los que se deberían usar. Creo que es hasta obsceno que hayan hecho eso en un lugar tan salvaje».

Relacionado con el mundo de la escalada, la visión de Joan Badia es más optimista: «Lógicamente la escalada ahora no tiene nada que ver, se escala con mucha más seguridad, se tienen todo el conocimiento, los materiales han cambiado... Pero creo que en Montrebei se sigue manteniendo cierta filosofía de aventura, de no excederse en colocar chapas. Hay gente, como Josep Esquirol y otros, que están haciendo vías muy buenas, de nivel muy alto». ■

A la izquierda, Josep E. Paül en una reunión durante la apertura de *Cistus Albidus* (1983); arriba, Eduard Ruiz y Emili Civis cruzando el Noguera dispuestos a seguir abriendo la CADE en los 70; y E. Albir, J. Badia y J.E. Paül en la cima de la Pared de Aragón tras abrir la *Santiago Domingo* en 1981. En la página izquierda, Francesc Albesa (y Joan Badia asegurando) abriendo el último largo de la *Vía del Rigol*, y debajo Joan Badia en una reunión durante esa apertura, en 2007.

MONTREBEI
Escaladas de verdad

El congosto cuenta con más de 250 vías variadas, aunque todas requieren venir con las técnicas de escalada en pared ya aprendidas de casa. De momento, os dejamos aquí unas pistas para seguir explorando por vuestra cuenta esta catedral de la escalada con mayúsculas.

EL PARAJE DE MONTREBEI se sitúa en el extremo occidental de la Serra del Montsec, caracterizado por una gran franja de roca que queda dividida por el río Noguera Ribagorçana, el cual marca también la frontera entre Cataluña y Aragón. Millones de años de erosión han excavado un congosto encajonado entre dos grandes paredes, de una belleza salvaje.

Acceso a la Paret de Cataluya

La Paret de Cataluya se encuentra entre las poblaciones de Puente de Montañana (Huesca) y Àger (Lleida). Para llegar a los diferentes aparcamientos (*ver mapa a la derecha*) seguir las siguientes indicaciones:

P1: Desde Puente de Montañana cruzar el río Noguera Ribagorçana, en dirección a Tremp. Justo después de pasarlo, un desvío hacia la derecha nos conduce, por una pequeña carretera deteriorada, hacia una central eléctrica. Antes de llegar a esta, nos desviamos de nuevo hacia la derecha y continuamos siempre paralelos al río. Iremos dejando a nuestra izquierda dos desvíos que se dirigen a pueblos. Tras pasar bajo una pared desplomada, estad atentos a un desvío hacia la derecha (caseta de control) que desciende hasta el aparcamiento. Este parking es de pago y tiene unos horarios; si está cerrado se puede dejar arriba y caminar un poco más. Horarios y precios en la web: www.fundaciocatalunya-

lapedrera.com/es/espacios-naturaleza/congost-mont-rebei/reserva-aparcamiento.

Aproximación: Del aparcamiento, si el nivel del agua lo permite, seguir la antigua pista en dirección al congosto. A los 20 minutos pasaréis un puente colgante característico y allí el camino se convierte en sendero, a tramos excavado en la roca, que no hay que abandonar hasta que el congosto se abre. En ese punto el camino sigue llaneando por el bosque, dejarlo y tomar un senderito que resigue la base de la pared, evidente. Una hora andando a pie de vía zona *Diedro Gris*.

Descenso: De la salida de las vías, seguir siempre pegados a la pared descendiendo sentido

mente hasta la siguiente cresta por un pequeño sendero que salva el bosque. Cuando alcancéis esta segunda cresta y el sendero se abre un poco, no bajar por la canal sino encontrar un paso entre dos rocas muy característico. Atravesadas esas dos rocas, seguir ya el sendero que se abre paso por un bosque cerrado hasta llegar al camino del congosto. Destrepe de 3 m para alcanzar el camino, llegas al pie de un banco de madera. Si os equivocáis de canal, todos los senderos suelen llevar al camino con algún rápel de mayor o menor fortuna. Este descenso solo se utiliza para las vías *Diedro Gris* y *Delfos* (de las reseñadas en este número).

P2: Desde Àger se sigue una carretera secundaria que sube hacia el Coll d'Ares, en la parte más alta de la Serra del Montsec. El camino pasa por delante del parque de bomberos y junto al cementerio. Tras varios kilómetros de subida, se alcanza una amplia explanada. Desde allí parte, hacia la izquierda, una pista que baja suavemente hasta el Pla d'en Lluís, donde aparcamos y comienzan las aproximaciones. Aunque esta pista suele recibir mantenimiento, no siempre está en buenas condiciones.

Aproximación: En el vértice nordeste del prado (Prat d'en Lluís) nace un sendero que llanea hasta alcanzar la base de las vías zona *Latin Brothers*. O del mismo prado ascender directamente para las vías cortas. 25 a 40 minutos a pie de vía.

Descenso: Desde el final de las vías, tomar los senderos que

suben hasta llegar al llano de arriba, donde veremos una pista forestal. La seguimos y pronto veremos a la derecha un gran hito (de 2 metros) donde nace el camino que pasa por algún tramo escalonado (Grau de l'Onso) y lleva de vuelta al aparcamiento. Aprox una hora desde el final de las vías.

Puente colgante para cruzar el Noguera Ribagorçana, y navegando por este río: dos formas de aproximación. Izda, la inmensa Pared de Aragón con una cordada en la CADE.

Acceso a la Pared de Aragón

La Pared de Aragón se encuentra situada entre las poblaciones oscenses de Tolva y Puente de Montañana. Para llegar a los diferentes aparcamientos de los que parten las aproximaciones, seguir las indicaciones siguientes:

Norte. A la altura del *Diedro Gris* el camino empieza a marcarse más y deja de transcurrir próximo al precipicio para internarse en una canal cerrada. Esta canal siempre baja, y queda limitada por la pared a la izquierda, y por una cresta a su derecha. A unos 20 minutos desde el *Diedro Gris*, la cresta de la derecha forma un punto de inflexión (sube un poco para bajar luego otra vez). Prestar atención porque unos hitos marcan abandonar la canal, dejando de descender para desviarse a la derecha (sentido Este, alejándose de la pared de Cataluña). Ligera subida en sentido perpendicular a la canal, durante 5 minutos hasta el filo de la cresta. Allí veréis que se alcanza otra canal paralela que no hay que tomar, sino que hay que atravesarla horizontal-

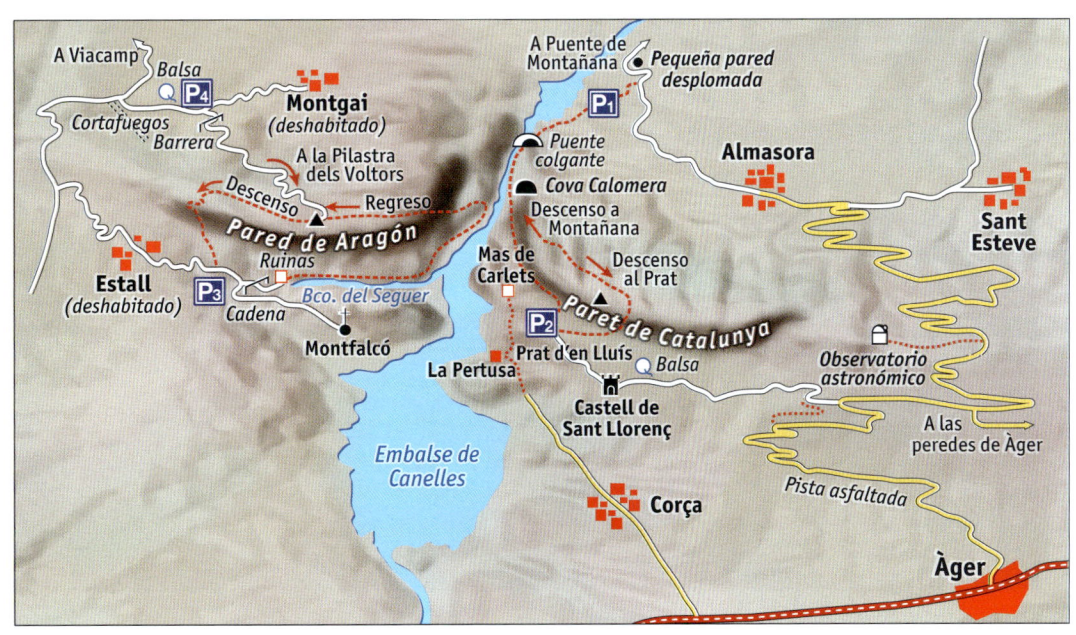

FOTOS: LUIS ALFONSO

Remi Brescó en el inicio de la vía *Clar* (250 m, 6a), que sigue un evidente sistema de chimeneas, en la Paret de Catalunya.

P3: Desde Viacamp seguir las marcas indicadas hasta llegar al pueblo de Estall (10 km). Continuar la pista aproximadamente (4 km) dirección Montfalcó, hasta que a la derecha encontréis una pequeña explanada con capacidad para tres coches y a la izquierda un camino poco transitable.

Aproximación vías zona CADE: Aparcar en la explanada y tomar el camino citado. Encontraréis una cadena entre dos árboles a 150 m. Seguir 20 minutos hasta alcanzar unos antiguos sembrados replantados y una cabaña derruida. De la cabaña dirigirse hacia la pared hasta ver una amplia barrancada que baja al embalse (barranc del Siegué o del Seguer). Bajar por el barranco (trazas de sendero e hitos) hasta unos 200 m del límite que marca el agua. A la izquierda queda un pequeño sendero desdibujado, marcado con un hito, por el que avanzaréis en sentido descendente hacia la base de la pared de Aragón. Una hora y media desde el aparcamiento.

Descenso: De la cima de las vías (CADE) seguir unos 300 m hacia arriba no muy lejos de la cresta. Apenas hay sendero. Encontraréis una barrera rocosa de 40 m que os empuja hacia la pared, y que no hay que seguir, pues se funde con la misma pared, abocándote al vacío. Cuando encuentres esta barrera, debes ir dirección Norte unos 80 m hasta que veas una zona por la que puede superarse (trepada 50 m de III), o bien resigues la citada barrera 150 m más, siempre dirección Norte (un poco en bajada) hasta encontrar otro paso más fácil, que además tiene un cordino de 6 mm a mitad de tramo. Este cordino lo usan los practicantes de salto BASE para acceder a la zona de saltos. Superada esta barrera rocosa, subir siempre en dirección Oeste y lo más pegados posible al borde de la pared, hasta alcanzar la cima del Montsec d'Estall (aproximadamente 1h 45m desde la salida de las vías). Seguir hacia el Oeste, ahora descendiendo, por un sendero desbrozado cada vez más claro y definido, que termina por tomar una canal que

parte la pared y baja hacia el pueblo de Estall. Desde el principio de esta canal se ve tanto Estall como el aparcamiento del coche. Seguir el sendero que baja por la canal y cuando tuerce para dirigirse por la derecha hacia Estall, dejarlo y campo a través alcanzar la pista y el coche. Tiempo total desde fin de vía, entre 2h 15m y 3h 30m (sin perderse).

P4: Subir, desde Viacamp, por la misma carretera. Una vez llegados a la cima de la montaña esta gira bruscamente a la derecha, aquí también hay un gran cortafuegos, pero nosotros nos desviamos a la izquierda por otra pista un poco más pequeña. Esta continúa llana hasta llegar a una pequeña charca (balsa) en una explanada, donde aparcaremos.

Aproximación zona de la Pilastra dels Voltors: Desde el aparcamiento junto a la balsa, seguir andando 300 m hasta una bifurcación. La pista que sale a la derecha tiene una barrera, contornearla y seguir andando 60 minutos hasta la cima del Montsec. Crestear hacia el este

10 clásicas + 12 modernas

Estas vías corresponden a los artículos de "Ultraclásicas" (pág. 14 a 27) y "Clásicas modernas" (pág. 34 a 45), en los que se incluyen los croquis sobre fotos de las vías seleccionadas. No hay que olvidar que se trata de una simple muestra de las más de 200 posibilidades que ofrecen estas paredes.

Vías Clásicas
Vías Modernas
PARED ARAGÓN
1. 7 Venas
(325 m, 6c [6b obligado]).
2. Santiago Domingo

(470 m, 6a [V+ obligado]).
3. Cistus Albidus
(470 m, 6a [V+ obligado]).
4. El Desliz
(315 m, 6b [V+ obligado]).
5. Markitos (275 m, 6a+).
6. Puñalada Trapera
(265 m, 6c [6a+ obligado]).

7. La pilastra dels Voltors
(275 m, 6a+/Ae o 7a [V+/6a obligado]).
8. Femme Fatale
(260 m, 7a+).
9. CADE
(535 m, 6c/A2 o 7a+ [V+ obligado]).

Pared de Aragón
Cara Sur

Cima
del Montsec
d'Estall △

A esta altura,
abandonar la pista

Hitos (marcan el
comienzo de la feixa)

Rápel de 55m
(suele haber
cuerdas fijas/viejas)

Trepada
II

V

Encina
característica

**Aproximación a la
Pilastra dels Voltors**

ALBERT CORTES

(en bajada) hasta que la pared sube unos 40 m de desnivel para bajar después. Allí buscar unos hitos que te abocan hacia la Feixa dels Espàrrecs, que corta la práctica totalidad de la pared. Seguirla (destrepes, sendero e hitos) durante 600 m hasta un marcado rápel de 55 m (insta-lación moderna de parabolts), suele haber cuerdas fijas. Al final del rápel seguir descendiendo en flanqueo dirección Este hasta divisar la Pilastra, a la que se accede montando reunión en una encina al pie de la misma. Total 2 horas desde el aparca-miento hasta la encina.

Descenso: regresar de las vías de la Pilastra es relativamente sencillo. Al acabar las vías en la cima de la Pilastra, seguir el sendero desdibujado que recorre la cresta de la pared sentido oeste hasta alcanzar la pista por la que habéis accedido, poco antes de la cima del Mont-sec d'Estall. Luego tomar la pista hasta el coche. 1h y 20m.

Roca y escalada

Predomina la caliza, con una calidad que puede variar, aunque en general es buena. Las vías más clásicas, como es de es-perar, siguen los sistemas de fisuras más evidentes y los tra-zados más lógicos, mientras que las más modernas surcan las placas grises en torno a las fisuras. Muchas de las vías ofre-cen combinación tanto de fisuras y diedros como de placas, techos y otros relieves variados. En ge-neral, son paredes en las que prima la verticalidad de unos 400 metros de altura. Las vías oscilan entre los 150 y hasta 600 metros de recorrido.

Material necesario

Hay que tener en cuenta que son vías de envergadura en las que necesitaremos material de autoprotección y todo el equipo de escalada en pared. Es con-veniente informarse en detalle del material concreto que ne-cesitaremos de cada vía tanto en guías como en blogs, últimos repetidores, por medio de co-nocidos, etc.

En las vías reseñadas en esta revista, la numeración de los friends está basada en la escala antigua. Y su equivalencia, por ejemplo a Camalot, es de un número menos (ej. Cam nº 4 es igual a friend nº 5).

6 · 8 · 7

4

**Pared de Aragón
Cara Sur**

9

Las aguas turquesas del Noguera Ribagorzana pintan el congosto. Derecha, Oriol Baró en el L7 de *Náufragos de Soledad* (425 m, 6b/A1), de la Paret de Catalunya.

Los clavos fijos que se encuentran en los itinerarios pueden variar. En ciertas vías resulta interesante llevar clavos variados y un martillo, que también nos pueden sacar de un apuro en caso de embarque o abandono forzado. Algunas vías han sido reequipadas, pero en muchas encontraremos material antiguo y, en ocasiones, deteriorado.

Mucha atención a los horarios, no olvidéis el frontal e informaos bien previamente de las bajadas, pues pueden complicarse mucho si nos alcanza la noche.

Orientación y mejor época

La Paret de Catalunya comienza (por el lado del Puente de Montañana) a estar orientada al Oeste y está bastante encajonada, por lo que recibe poco sol y suele estar expuesta al viento. Cuando el cañón em-

FOTOS: LUIS ALFONSO

Paret de Catalunya
Cara Oeste-Suroeste

| **Vías Clásicas**
Vías Modernas
PARET DE CATALUNYA
10. Diedro Gris
(410 m, 6a+ [V+ obligado]).
11. Paul Lalueza | (395 m, V+/A2 o 7a [V+ obl]).
12. Via del Kike
(420 m, 7b/A1 [6c/A0 obl]).
13. Incrèduls
(420 m, 6c/A0).
14. Cor Salvatje | (500 m, 7b [6b/A2 obl]).
15. Diedro Audobert
(330 m, 6b+ [V+ obligado]).
16. IDYL (400 m, 6a/A1 o 6b+ [V+/6a obligado]).
17. El Cau del Sioux | (270 m, 7b+ [6a/A1 obl]).
18. Globeros en Alaska
(265 m, 7a+ [6b+/A0 obl]).
19. Desequilibrio Hormonal
(240 m, 6b+ [6a obligado]).
20. Dels Ateus | (265 m, 6b+ [V+/A1 obligado]).
21. Todo Ventajas
(265 m, 6b).
22. No Future (250 m, 6a+) [*sin croquis, a la derecha de la foto*]. |

pieza a abrirse, la orientación va variando hacia el Suroeste. Las épocas más propicias para escalar en esta pared son el otoño y la primavera. Si bien en las rutas que reciben más sol también se puede escalar durante el invierno.

En la Pared de Aragón, la mayoría de las vías tiene orientación Sur, por lo que el invierno es una buena época para escalar aquí, siempre teniendo en cuenta que los días son más cortos. En otoño y primavera también encontramos buenas condiciones, mientras que en el verano mejor evitarlo por el excesivo calor.

La altitud de la zona oscila entre los 600 m del desfiladero y los 1331 metros de la cima del Montsec d'Estall, donde hay un vértice geodésico.

Agua

No hay agua potable cerca de las paredes, hay que llevarla desde casa. En el lado de Àger, es posible encontrar un hilo de agua que cruza la pista antes de llegar al aparcamiento del prado, pero no se puede garantizar. Igualmente en Estall quizá encontramos agua.

Dormir

Para la Paret de Catalunya, en la vertiente de Puente de Montañana se suele pernoctar en el aparcamiento de acceso al Congost de Montrebei; y en la vertiente de Àger en el aparcamiento del Prat d'en Lluís.

Para la Pared de Aragón, si realizamos la aproximación desde Estall, podemos dormir en el aparcamiento, aunque no hay mucho espacio. También a lo largo de la pista encontraremos algún hueco para pernoctar.

En Montfalcó tenemos el Albergue Casa Batlle, con 44 plazas (www.alberguemontfalco.com y tel: 974 562 043).

En Àger hay varios campings y alojamientos, y en Puente de Montañana hay un hostal.

Regulaciones y recomendaciones

En la Pared de Aragón anidan especies protegidas. Desde el Gobierno de Aragón se ha regulado la práctica de la escalada en los últimos años, si bien es

variable de una temporada para otra. Aunque esta temporada no existen prohibiciones, es importante mantenerse informado pues esto puede variar (https://fam.es/documentos/regulacion-escalada).

En la Paret de Catalunya también las regulaciones son variables. Este año no se puede escalar del 16 de febrero al 31 de agosto en las vías: *Bon Remei, Mala Vida, Tempesta Nocturna, Diedro Gris* y *No future*. Más info: https://montana regulada.org/area/montrebei-pared-de-catalunya

Hemos de extremar nuestro buen comportamiento, dejar el lugar donde pernoctamos aún más limpio que lo encontramos. No se puede hacer fuego.

Más información

Además de en la guía de Luis Alfonso, encontramos artículos

en las revistas *Desnivel* nº 120, 133, 186, 187 y 278

Otros servicios

En Àger, Puente de Montañana y Tolva encontraremos algún bar, panadería, tiendas de comestibles y poco más. Resto de servicios en Benabarre.

Redacción DESNIVEL
(con informacón de Luis Alfonso y Albert Salvadó)

MONTREBEI
Luis Alfonso
Ed. La noche del loro, 2016
416 pág. 14 cm x 19 cm.

Es actualmente la guía de referencia de esta zona, con múltiples reseñas tanto dibujadas como sobre fotos de las paredes. Empieza por dos lados: por un lado la Pared de Aragón (96 croquis) y por otro lado la Paret de Catalunya (168 croquis). Incluye apuntes históricos y todos los datos prácticos necesarios para la escalada.

**Paret de Catalunya
Cara Suroeste**

Como un cincel gigante, el río Noguera Ribagorzana ha excavado una frontera natural en las paredes de Montrebei: a la derecha la muralla de Catalunya, a la izquierda la de Aragón.

LAS ULTRA CLÁSICAS DE MONTREBEI

10 *imprescindibles*

Pared de Aragón:
1. Santiago Domingo
2. Cistus Albidus
3. Puñalada Trapera
4. La pilastra dels Voltors
5. CADE

Paret de Catalunya:
6. Diedro Gris
7. Paül/Lalueza
8. Diedro Audoubert
9. IDYL
10. Desequilibrio Hormonal

LUIS ALFONSO

*Cualquier
elección es por
naturaleza subjetiva y,
por tanto, susceptible de
desacuerdos. En este caso hemos
cargado la responsabilidad de escoger
algunas de las vías más clásicas en Luis Alfonso,
gran conocedor de este congosto, aperturista, reequipador
y autor de la guía de referencia. A través de sus recomendaciones,
vamos descubriendo la historia de la escalada, entremezclada con los recuerdos
de sus aperturistas y los suyos propios durante las repeticiones.*

A NTES de entrar en materia, me gustaría aclarar el concepto de clásica. Para mí, desde siempre, una clásica es la vía (o vías) que más se repite en una pared, no un estilo de escalada. Por ejemplo, y sin salir de Montrebei, *Spaghetti* corresponde a lo que algunas personas llaman estilo clásico, pero en realidad es una vía sucia, descompuesta, herbosa, que se repite solo muy de tanto en tanto; relegada a la categoría de coleccionistas empedernidos. Por tanto, no es una clásica. Otro caso es el de la vía *Torrades amb all*, que muchos catalogan como deportiva, ya que es un itinerario totalmente equipado con parabolts y desde arriba; la única de este estilo en Montrebei. En cambio, podríamos considerarla una clásica porque se repite con cierta frecuencia.

Tras este rollo y aclarados los conceptos, los aplicamos al presente artículo y salen unos itinerarios seleccionados en los que las chapas brillan por su ausencia y se amoldan más al primer tipo... ¿casualidad, espíritu de contradicción, broma? Pues no, estamos donde estamos y las expansiones se reducen a la mínima expresión, aunque tampoco siempre.

En las primeras incursiones a Montrebei se minimizó al máximo el uso de chapas, como solía ocurrir en esa época, puesto que había que poner las expansiones a mano, sin más. Salvo contadas excepciones, no creo que existiese un sentimiento excesivamente purista, se trataba más de seguir las tendencias de la época que obligaban a un tedioso tiempo ha-

A la izquierda, Victor Olaya en la chimenea del último largo de *Santiago Domingo*, y a la derecha, Almudena Carrasco en la larga y fácil travesía que llega al inicio del gran diedro central de la misma vía.

ciendo el agujero manualmente. En todo caso, se abrieron una serie de itinerarios muy lógicos, algunos de ellos de gran belleza y estética. Es de esa época de donde han salido todos los seleccionados como "ultraclásicas" de toda la vida para este Especial Montrebei.

Pasados los años ya no se es tan estricto, y muchos itinerarios quedan más equipados en las placas, aunque siempre bajo un criterio de mínimos. Paralelamente, los escaladores más puristas y fuertes continúan abriendo algunas vías sin chapas, incluso con dificultades elevadas.

He escogido una serie de vías que se repiten asiduamente, ninguna de ellas decepciona, claro que al final es cuestión de gustos y siempre habrá a quien no le gustará, pero está claro que son las clási-

cas por excelencia, las que hay que hacer de entrada.

Todas las vías tienen su historia y sus historias. Su historia sería la forma en que se abrió y los acontecimientos que envolvieron esta primera ascensión. A veces todo va rodado y apenas hay algún detalle a resaltar, pero otras, muy al contrario, están rodeadas de toda una serie de acontecimientos, conocidos por el gran público o no, que engrandecen aún mas su leyenda.

Las historias son anécdotas y acontecimientos sucedidos a sus repetidores. En ocasiones son mucho más vistosas que las que acompañan a la primera ascensión, de todo hay. A continuación intentaré hacer un compendio de ambas en las vías seleccionadas, con la esperanza de que paséis un buen rato y encontréis alguna motivación extra para visitar el congosto.

Resulta curioso que, cuando éramos pequeños, primero escalabas en Terradets y Vilanova de Meià –los dos son lugares "mayores" del Montsec– todas las vías que podías y después, ya aprendido, ibas a

Montrebei temeroso y con el rabo entre las piernas. Era la diplomatura, aunque fueras a las vías mas fáciles, que es a las que ibas. Claro que las existentes eran todas bien recias. Hoy en día todo esto ha cambiado y la gente va a Monterebei sin ni siquiera conocer Terradets o Vilanova. Son otros tiempos y los valores también, la gente entrena y está mucho más fuerte que antes, tanto física como psicológicamente, en general. Los mitos han desaparecido. También hay que decir que hay muchas más vías asequibles, incluso con chapas que te dan cierta, o bastante, tranquilidad.

Esta elección incluye algunas de las vías mas fáciles en Montrebei pero, no nos engañemos, todas necesitan un amplio bagaje en escalada de este tipo, conocimiento de las técnicas de escalada artificial y nunca menospreciarlas.

PARED DE ARAGÓN

1. Santiago Domingo

470 m, 6a (V+ obligado)
1ª ascensión: 1981, Emilio Albir, Joan Badía, Eduard Ruiz y Josep E. Paül.
Reequipada: 2007, Emilio Albir y Luis Alfonso.
Material: empotradores, friends nº 1 al 3,5 y, opcionalmente, algún clavo.

....

Es una de las primeras vías abiertas en la pared, tremendamente sinuosa y en busca de las debilidades más evidentes (los dos grandes diedros y la característica chimenea final, fácil y entre zonas desplomadas). Tramos cutres intercalados con otros de gran belleza, resultando especialmente atractivos los L4, L6 y L9. Vía clásica, seguramente la más repetida de la pared e ideal como toma de contacto.

Santiago Domingo fue el último habitante que quedó en Estall tras su abandono. Habitó y cuidó del pueblo durante muchos años. Los cazadores y escaladores que por allí pasaban fueron su única compañía humana durante mucho tiempo. Algunas reuniones y fiestas animaron Estall gracias a los asiduos que se empeñaban en escalar en esta recóndita pared.

En la actualidad el pueblo está sumido en el abandono absoluto y sus casas se derrumban, como tantas otras del Montsec profundo y salvaje. Tras la primera vía abierta en la pared, la *CADE* (1977), las posibilidades de apertura se extendían durante una vasta extensión. Empezaron a aparecer líneas abiertas por escaladores franceses, lo cual resultaba curioso dada la complicada logística para llegar y lo recóndito del paraje.

FOTOS: LUIS ALFONSO

FOTOS: LUIS ALFONSO

¿Cómo llegaron a enterarse de su existencia? Para ello deberemos remontarnos a 1977 y situarnos en la cima de la Paret de les Bagasses (Terradets). Jordi Lluch y un compañero acababan de terminar su escalada cuando aparecieron tres escaladores franceses que venían cresta abajo. Les comentaron que acaban de abrir una vía y quedaron todos en el Hostal del Lago para comentar la jugada. Por aquel entonces, Jordi se encargaba de la crónica alpina en *Vèrtex*, revista catalana de la FEEC, y le pidió la reseña para publicarla. El trío formado por Tomas, Uzabiaga y Sebie se la dieron allí mismo, pero no sabían el nombre de la

pared que acababan de escalar: era *La Fisura Oblícua* en Font Freda. Jordi tampoco conocía el nombre pero prometió enviarle la información por el Messenger de la época: una carta, en la que simplemente introdujo un mapa de la zona.

No solo vislumbraron la pared que acababan de ascender, sino que también descubrieron un enorme cañón donde las curvas de nivel estaban sospechosamente juntas. Preguntaron a Jordi, pero no pudo ayudarles en tan precoces años, así que ya tenían por delante un amplio trabajo en la exploración de nuevos horizontes: acababan de descubrir Montrebei. Lo que no sabían es que ya se había comenzado, tímidamente, su explotación por parte de algunas cordadas.

Paralelamente también hubo unas filtraciones, por parte de uno de los aperturistas de la CADE, como si de información altamente secreta se tratara… y se trataba.

El caso es que los franceses comenzaron las inspecciones en Aragón con la apertura de la vía *Central* (1980), la línea más arrogante por el tramo visible y a mano. Los aperturistas catalanes, que habían entablado una buena amistad con Santiago Domingo, le comentaron su antipatía hacia los competidores del otro lado de los Pirineos y le pidieron, finalmente «Que no les facilitase las cosas…».

Tras un encuentro, pasados algunos años, su comentario fue: "El pastor loco de l'Estall no hace más que complicarnos la existencia". Santiago ayudó perfectamente a sus amigos.

La otra línea clarísima ascendía un terreno medio fácil que conducía a una evidente chimenea final. Por suerte se les adelantaron, por poco tiempo, Jordi Lluch y Armando Cobo, inaugurando la *Xemeneia Encantada* (1981). Digo por suerte ya

que, a pesar de no parecerlo desde lejos, se trata de una vía sucia y descompuesta, salvo el largo de la chimenea. Fue entonces cuando derivaron más abajo, en busca de algo lógico y evidente, encontrando el primero de los muchos tesoros que acumularían durante años de exploración.

Personalmente he repetido esta vía en tres ocasiones, unas de ellas en compañía de Emilio, uno de los aperturistas, para reequiparla.

2. Cistus Albidus

470 m, 6a (V+ obligado)

1ª ascensión: 1983, Emilio Albir, Joan Badía, Jordi Lalueza y Josep E. Paül.
Reequipada: 2010, Sidarta Gallego y Luis Alfonso.
Material: empotradores, friends nº 0 al 4 (2 del nº 4 para el L13) y, opcionalmente, algún clavo.

....

Al poco tiempo de la Santiago, parte del mismo equipo se decidió por explorar esta zona un poco más a la derecha. De recorrido no tan claro y con la presencia de algunas placas y desplomes que suponían incógnitas a despejar, uno de los alicientes de abrir vías. Igualmente sinuosa, desplazándose a derecha e izquierda siempre en busca del mejor itinerario. Salvo algún tramo muy concreto, la roca es de buena calidad e invita a escalar en libre al máximo. En la R10 disponemos de una enorme repisa hacia la izquierda que puede servir como escape rumbo a la chimenea final de *Santiago Domingo*. Pero, si no es por extrema necesidad no lo hagáis, os perderíais los mejores largos de la vía. Una travesía con destino a la base del diedro de salida. Entre desplomes resulta realmente increíble salir por aquí en libre y de una dificultad bastante asequible, uno de los más bellos momentos del Montrebei añejo.

Precisamente el conocimiento de la existencia de esta repisa facilitó enormemente el trabajo a los aperturistas, ya que en el segundo día de escalada accedieron rapelando la chimenea final de la Santiago, llegando cómodamente al último punto alcanzado y lanzándose, por terreno incierto, hacia la salida, en libre, entre los grandes techos que coronan la pared. En esta ocasión el gran visionario fue Joan Badía.

A la izquierda, Almudena en el característico diedro rojo de la *Pilastra dels Voltors*; arriba, Sidarta Gallego en la travesía superior de *Cistus Albidus*, que da paso al mejor largo de la vía: el diedro de salida. Derecha, Óscar Alemán y Javier Aranda disfrutando de la roca perfecta en las placas inferiores de *Puñalada Trapera*.

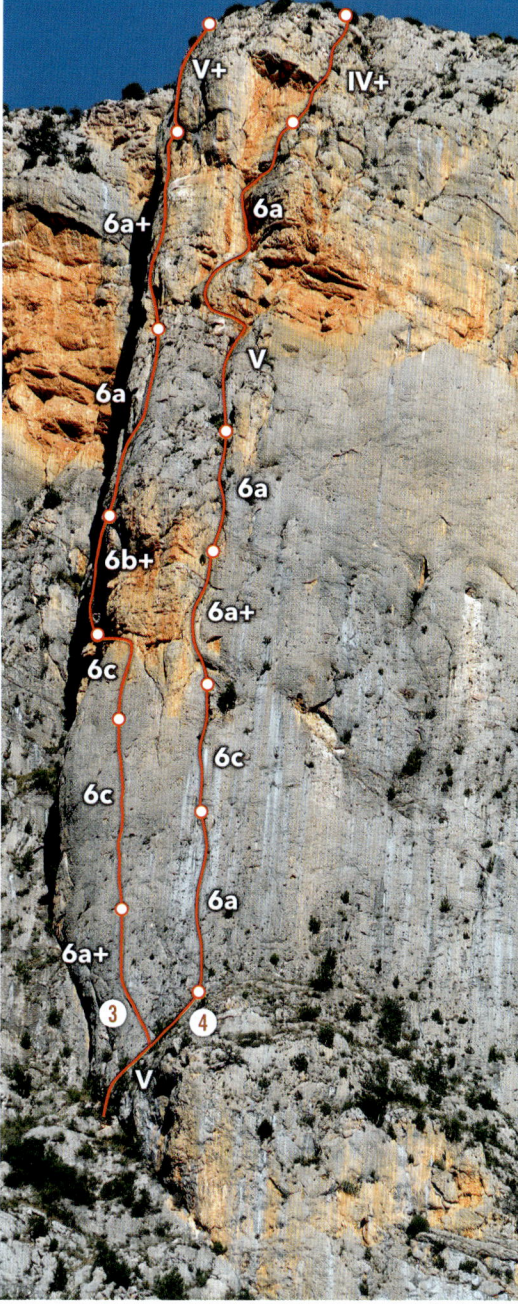

Labels on route topo: V+, IV+, 6a+, 6a, 6a, V, 6a, 6b+, 6a+, 6c, 6c, 6c, 6a, 6a+, 3, 4, V

3. Puñalada Trapera

265 m, 6c (6a+ obligado)

1ª ascensión: 2000, Emilio Albir, Joan Badía, Josep Rigol y Francesc Albesa.
Material: bicoins, friends nº 0,0 al 4 (repetir pequeños y medianos).

....

Este es un itinerario mas "moderno", entre comillas puesto que ya tiene 25 años. Aquí ya se usaron muchas más expansiones en las placas inferiores y casi ninguna desde el momento que se llega al sistema de fisuras que conduce a la cima del espolón. Absolutamente magnífica, para mí, la mejor de todo el sector. Estéticamente perfecta, pues recorre la línea ideal por el filo del espolón, roca excelente, ambiente, lo tiene todo. La vía que todos queremos abrir.

Como tantas otras, inicialmente se ascendió con abundante uso de la escalada artificial y eran necesarios bastantes clavos para su repetición. En cuanto quedaron clavados algunos tramos clave, se recorrió íntegramente en libre, que es lo habitual en la actualidad, aunque sea con algunas ayudas puntuales, con un grado sostenido en 6a.

4. La Pilastra dels Voltors

275 m 6a+/Ae o 7a (V+/6a obligado)
1ª ascensión: 1986, Joan Badía, Jordi Lalueza y Josep E. Paül.
Reequipada: 2008, Joan Badía, Edu Orduña y Luis Alfonso.
Material: empotradores, friends nº 0,0 al 4 (repetir alguno mediano y grande).

....

Primera vía que ataca esta parte de la pared. Inicialmente se empezó desde abajo por terreno discontinuo y enlazando feixas de la forma más sencilla posible. Entonces se descubrió la famosa *Feixa dels Espàrecs*, muy transitada hoy en día pero invisible desde abajo. La descubrieron tras verla in situ y gracias a algunas explicaciones de Santiago Domingo, quien ya la había recorrido en busca de una oveja enriscada: se aventuró con una cuerda y volvió a subir ¡con la oveja a cuestas!

Los siguientes ataques ya se sucedieron de esta forma tan original para la época, desde arriba. Eliminada la larga parte inferior, se iba directamente a lo más interesante y la vía les quedó realmente redonda, con roca excelente en todo su recorrido y

V

V

6b

V

V

V

V

6b

6a

A2 (7a+)

V

V

6c

IV

V

6b

IV+

V

⑤

mini-cordino y colgabas el estribo. Por entonces no estaba ni forzada en libre esa placa. La segunda vez ya no estaba y obligaba a un gracioso mantel sobre la regleta que quedó en su lugar.

En una de las repeticiones, junto a Edu Orduña y Joan Badía, uno de los aperturista, aprovechamos para cambiar los usados buriles por relucientes parabolts.

5. CADE

535 m, 6c/A2 o 7a+ (V+ obligado)

1ª ascensión: 1977, Joan Badía, Emilio Albir, Joan Mari, Josep V. Ponce, Paco López, Ricard Vila, Josep Lalueza, Josep E. Paül, Emili Civis, Josep Mª Castán, Joan C. Vinyes y Eduard Ruiz.
Reequipada: 1993, Emilio Albir y Joaquín Olmo.
Material: empotradores y friends nº 0 al 4.

....

Curiosamente esta fue la primera vía abierta en la pared, nada fácil pero preciosa. Se tardó mucho tiempo en concluirla y en ella intervino un nutrido número de miembros del CADE (siglas del Centre Acadèmic d'Escalada, perteneciente al Centre Excursionista de Catalunya, fundado en 1942 por Lluís Estasen). A la dificultad de abrir un itinerario difícil en una gran pared de 500 metros, tenemos que sumarle toda la logística de llegar a un lugar recóndito y bastante inaccesible en la época.

En el primer ataque cruzaron el río con el agua por los tobillos, tuvieron suerte con un caudal escaso. Tras alguna subida súbita del nivel del agua y quedar bloqueados, optaron por instalar un cable de acero y así dejar una tirolina fija. Pero, tras varias cruzadas, comprobaron que quedaba demasiado bajo e instalaron otro. En un intento de atravesar el río atado a una cuerda, por si acaso, Joan Badía estuvo a punto de ahogarse al ser arrastrado por la corriente y bloqueado por la misma cuerda de seguridad. Por suerte, todo quedó en un gran susto.

La vía demandó muchos días de trabajo y, más adelante, se cambió la estrategia. El acceso lo hacían en barca hasta el inicio de la feixa inclinada de la derecha, que permitía subir a pie hasta la R4, donde instalaron un campamento.

Un día, mientas aún estaban abriendo los primeros largos, avistaron en la citada feixa una cordada desconocida, que reconocieron como "compañeros" de Lleida. Estos les adelantaron para acceder al mismo objetivo, obviando el contrafuerte anterior y en un intento por llevarse la primera. Ascendieron únicamente un largo, por cierto el más trabajoso de abrir, puesto que exigió la colocación sistemática de un

pasajes tan espectaculares como la placa del L2 o el diedro desplomado del L7.

Personalmente la he disfrutado en tres ocasiones. La primera, al poco de ser abierta, con Armand Ballart salimos de Barcelona en su indestructible SEAT 600 y, a una velocidad irrisoria pero constante, llegamos. Esa vez me dejó el recuerdo

de un sencillo itinerario tipo Pic del Martell. Años más tarde la repetiría y yo mismo me di cuenta de la inconsciencia juvenil, es una señora vía, nada que ver con Castelldefels, cosas de la edad.

En nuestra primera incursión a la vía recuerdo perfectamente un piquito de roca, entre 2 chapas, al que le pasabas un

Nathalie Moscadelli en uno de los muros rojos de la imprescindible CADE, vía de envergadura y gran clásica de la Pared de Aragón.

montón de buriles. Esto, sin duda, debió desencantar a los inesperados pretendientes y, a la vista de 400 metros por el estilo, abandonaron su propósito. Lo que no sabían es que después ya no hacía falta hacer tantos agujeros, ni mucho menos. Al final, al equipo del CADE le vinieron bien los inesperados competidores, puesto que les dejaron equipado el largo más arduo.

Otra cuestión que no estaba nada clara era la bajada. Alguien sugirió la teoría de descender por el bosque de la derecha y montar unos rápeles directos al río, que por cierto se montaron 20 años después, pero que apenas se utilizan. El caso es que este final termina en el río. La solución que vieron en el momento pasaba por subir una barca arrastrándola por toda la pared para bajar después unos metros mas allá, también con la barca a cuestas... con todo lo que ello comporta. Al cabo de unas cuantas vicisitudes, tras ascender unos largos y llegados a un punto donde no veían claro cómo continuar izando el aparato, la realidad se impuso y tuvieron que volver a descender con la barca por el mismo lugar

Cuando se acabó de abrir la vía, la idea era hacer una primera ascensión integral super-colectiva del CADE y, al haber mucha gente, aprovechar para quitar todas la cuerdas fijas que se habían utilizado para la apertura. Lamentablemente, alguien tomó su iniciativa particular y la hizo del tirón, por su cuenta y riesgo. Este pequeño hecho bajó el interés general de la primera integral y las siguientes repeticiones fueron de forma normal y por cordadas reducidas. Las cuerdas fijas siguieron allí durante años, siendo retiradas poco a poco, o directamente arrebatadas por el paso del tiempo.

En cuanto a mi experiencia personal, la CADE es un gran itinerario que infunde respeto, dentro de las grandes clásicas del Montsec es imprescindible tanto por su belleza, como por su calidad de roca, longitud y dificultad. Si no eres un correcaminos (y no lo somos), la logística hay que tenerla bien clara, puesto que necesitas muchas horas por delante. Larga aproximación, largo descenso y más de 500 metros de escalada no fácil. Para ello elegimos un día con algunas nubes y algo de viento del

mes de septiembre, y todo fue rodado, saliendo y llegando al coche ya sin luz pero en los límites. No en vano la CADE se vanagloria de ser el itinerario de Montrebei con más vivacs a pelo en su libreta. Pero también es una de las mejores escaladas que podemos realizar en toda la sierra.

En la salida de R3 nos beneficiábamos de un clavo (algo dudoso, pero estaba) en una laja y que nos aseguraba el costroso paso de salida de la feixa. Dicha laja se ha venido abajo y el pasaje ha quedado bastante más difícil y expuesto. Hay quien lo sortea por la derecha y quien lo continúa haciendo recto, pero está claro que no es lo mismo, su exposición y dificultad han aumentado sensiblemente. Personalmente creo que se impone colocar una expansión en ese punto para que recobre su dificultad original, pero de momento nadie lo ha hecho aún. Igualmente en el L8 también ha saltado una laja y ha pasado de se Ao o 6b+ a A2 o 7a+. Posiblemente algún clavo sea de utilidad en este punto. Con el tiempo las vías cambian, por diversos motivos. No es ni bueno ni malo, pero es así.

PARET DE CATALUNYA

6. Diedro Gris

410 m, 6a+ (V+ obl)

1ª ascensión: 1979 G. Dubouloz y O. Schulz.

Material: empotradores y friends
nº 0 al 4 (se puede repetir alguno mediano),
el nº 5 es opcional.

....

La verdad es que no tengo ni idea de cómo, justo al inicio de la escalada en Montrebei, llegó aquí una pareja de escaladores de Grenoble. Seguramente detrás hay una curiosa historia que desconozco. Lo cierto es que se hicieron, en un abrir y cerrar de ojos, con una de las perlas del congosto.

Una de las superclásicas de la Paret de Catalunya, lo tiene todo: buena roca, pasajes atléticos, ambiente y estética difícilmente igualables. Comenzamos por unas lajas gigantes y que tienen pinta de acabar en el suelo cualquier día de estos. Le sigue una larga travesía descendente que ya nos sitúa bajo el tiralíneas que seguiremos hasta la cumbre sin posibilidad de pérdida.

La primera vez que la escalé me pareció buena pero nada del otro mundo. Normalmente cuando repito las vías, me suele gustar menos que la primera vez.

Un buen día nos juntamos tres cordadas al pie de *La Barra del Bar*, increíble, entre semana y sin nadie más en toda la pared. Como íbamos los últimos, decidimos abortar y pasar a un plan B, que no estaba previsto. Se me ocurre preguntarle a mi compañero, Viti, si había hecho el *Diedro Gris*, me dice que aún no, perfecto ya teníamos plan B, sin reseña ni nada, tampoco era necesaria. Iríamos improvisando según surgiesen los problemas; todo fue rodado, además, esta vez me gustó mucho más que la anterior.

LUIS ALFONSO

LUIS ALFONSO

Una singularidad de esta vía es que tiene 3 nombres: *Vía de los Grenobleses*, que le otorgó una revista; *Gritos y Susurros*, que es el que le dieron sus aperturistas, y *Diedro Gris*, que es por donde transcurre y el que ha perdurado. Cuando no debería haber sido así, ¿no?

Esta vía también ha sido objeto de ciertas performances:

Borderline es el nombre que le dio Martin Riegler a su proyecto de escalar en un día dos grandes clásicas de Montrebei. Primero ascendió con su hermano Florian la CADE de la Pared de Aragón en 4 horas. Un salto base le dejó en la base de la pared, donde cruzó el río (aún no existía el puente) y se encordó con Michael Maili. Ambos escalaron en otras 4 horas el *Diedro Gris*.

Aunque 15 años antes ya se habían encadenado ambos itinerarios, con mé-

Izquierda, Viti en la travesía del 2º largo que conduce al inicio del diedro gris, nombre con el que se denomina esta vía y que ya no dejaremos hasta llegar a la cima; en esta página, otras dos instantáneas de la parte central de esta gran clásica: *Diedro Gris*.

todos más convencionales, por Xavier Teixidó y Joaquín Olmo, dos asiduos del congosto.

Rizando el rizo, Miquel Blanco la asciende sin cuerdas, enlazándola con Delfos en 6 horas de coche a coche, tela.

7. Paül/Lalueza

395 m, V+/A2 o 7a (V+ obligado)

1ª ascensión: 1979 Josep E. Paül y Josep Lalueza.

Material: empotradores y friends nº 0 al 3.

....

Esta es una de las primeras que se abrió en la Paret de Catalunya y la primera con mayor entidad de gran itinerario. A pesar de eso, y gracias a la soltura de los aperturistas, se resolvió en un solo día y sin grandes problemas.

Trazado inteligente y muy astuto que asciende en diagonal hacia la derecha y enlazando lajas y diedros hasta la repisa central, tras un desplome entra de pleno en la gran chimenea de salida. Casi 400 metros verticales sin utilizar ni un solo buril, ni falta que hacía. A pesar de su dificultad aceptable y de ser una gran clásica de la pared, cuenta con un compromiso real y mayor de lo que a la gente le parece. En caso de abandono, a partir de cierto punto la cosa se complica sensiblemente puesto que, aunque nosotros escalemos sobre tramos de pared de inclinación moderada y roca gris excelente, por debajo queda una pared desplomada. Actualmente la *Vía del Kike* facilitaría un eventual abandono, aún así, habrá que tener cierta soltura en estos menesteres.

Nuestra primera incursión en Montrebei, con unos 17 añitos, fue un tanto lamentable. Cada jueves acudíamos al club para ver si podíamos cazar algún coche para que el fin de semana nos llevase a cualquier lugar lejano y así poder variar de Montserrat. Y salió la propuesta de Montrebei, uf, no teníamos ni idea de lo que eso significaba. Nuestros compañeros harían el *Diedro Audoubert*, la primera repetición sin vivac; a nosotros nos dieron la reseña de la *Paül-Lalueza* y nos dijeron más o menos por dónde quedaba. Tras rato y rato de dar vueltas por las repisas creímos encontrar lo que nos pareció debía ser el inicio. La pared se nos antojaba larguísima y verticalísima, demasiado para nosotros, pero ninguno decía nada al respecto. Al final habíamos perdido mucho tiempo entre una cosa y

V

V+

IV+

V-

V

A2 (7a)

V

II

V+

V

V+

7

otra, ya eran las 12 del mediodía y por unanimidad decidimos dejarlo para otro día, no se nos fuera a hacer de noche. Cuando repetí la vía al cabo de unos años, pensé: "Menos mal que aquel día no nos metimos".

Regresamos a los coches y pasamos el resto del día y la tarde mirando la impresionante pared y dormitando por los alrededores. Comienza a caer el sol, a entrar hambre y a bajar la temperatura y allí no aparecían los 4 compañeros del Audoubert. Nos preocupamos tanto por ellos como por nosotros, aunque por ellos no podíamos hacer nada, así que comenzamos a intentar abrir algunos de los dos vehículos aparcados. Al 2 CV conseguimos, milagrosamente, abrir una ventana, lo que nos permitió acceder a una mochila con algo de comida (no era nuestra) y a un par de sacos de plumas. Nos sentamos en el coche bajo los sacos y acabamos dormidos, pensando que al día siguiente ya aparecerían los compas que habían picado vivac improvisado, irremediablemente.

A las 3 de la mañana nos despertamos con el barullo producido por los dos conductores que acababan de llegar. Habían acabado la vía ya de noche, pero no habían encontrado la bajada correcta, así que tuvieron que caminar toda la cresta hasta el Coll d'Ares y regresar por la pista. Los otros dos esperaban en el desvío, varios kilómetros mas allá, con el material. Nosotros éramos estudiantes, pero ellos trabajaban al día siguiente, que era lunes, así que rumbo a Barcelona. Aún recuerdo la cara de incrédulo de un gasolinero a las 6 de la mañana mientras repartían el material, cerca ya de Barcelona. Ese día debió ser demasiado largo para algunos.

Como he señalado antes, al cabo de unos años volvimos al inicio, que recordaba perfectamente dónde era, evidente al 100 % por otra banda… Allí coincidimos con otra cordada de leridanos y, entre chistes e historietas, repetimos la vía.

Dos momentos muy particulares de esa ascensión recordaré por siempre. Estando colgado de los clavos del largo de artificial, lo hacía sigilosamente, intentando no pesar más de lo debido e intentando calibrar cual sería su resistencia real. De repente, aparece un guía francés con su cliente y nos adelanta a la dos cordadas sin ningún tipo de miramiento ni consulta previa. Estando yo colgado de los clavitos, con mis estribos, de golpe pasa el campeón como una bala haciendo Ao. En ese momento cerré los ojos esperando lo peor y acordándome de toda la familia del amigo. No pasó nada, menos mal. Después, en el árbol de reunión intercambiamos impresiones, pero mis ganas reales eran de enviarlo a la P.M. Oigo al cliente decir algo en francés y en un plis-plas el guía saca unos cordinos y polea y monta un polipasto para izarle. Mis compañeros se lo pasaron en grande viendo cómo subía por los aires sin poner nada de su parte. "Parece un petate", decían.

Más arriba, en una de las lisas chimeneas de V º (jaja, ¡ojo con esos V!), yo me aplicaba en subir de segundo, depurando mi técnica de oposición, mientras el primero de la cordada anterior se coloca al revés en la chimenea y, en un momento dado, se queda muy pillado. Sin querer, le voy tirando algo de tierra encima al progresar; nunca olvidaré aquella cara llena de tierra pegada al sudor y pidiéndome una cuerda porque estaba a

FOTOS: LUIS ALFONSO

punto de caer. Una caída allí hubiera tenido consecuencias fatales, puesto que el último seguro estaba muy lejos y la bajada era rebotando por las paredes y con aterrizaje duro. Le dije que esperase un momento y rápidamente me solté, hice un nudo en la punta y le puse un mosquetón de seguro. Por un pelo pero llegué a tiempo, uf menos mal. A partir de entonces nos hicimos buenos amigos y siempre que nos reencontrábamos en las paredes leridanas recordábamos entre risas el incidente (aunque en el momento no fue para reírse).

Para acabar el día, tuve un resbalón ya caminando fuera de la pared, con la mala fortuna de ir a parar a un erizón con la mano abierta. Ni qué decir tiene que estuve varios días sin poder escalar ni apoyar la mano en ningún lugar.

8. Diedro Audoubert

330 m, 6b+ (V+ obligado)

1ª asc: 1978, Louis Audoubert y Marc Galy.
Reequipada: 2015 Oriol Baró y compañeros.
Material: empostradores y friends nº 0,0 al 5 (repetir medianos).

....

Se trata del diedro más marcado de toda la pared, que la recorre en su integridad, aunque la parte inferior de forma más leve. La entrada original de los primeros ascensionistas asciende de forma directa por roca de mala calidad. Por eso se utiliza una variante, más a la derecha, de dos bonitos largos con buena roca y que había sido el primer intento de escalada en toda a pared, abandonado al comprobar lo complicado de la empresa a favor de lo que sería la GEDE.

Audoubert y Galy se dirigían ese día a abrir una nueva vía en Montrebei. Para su sorpresa, unos compatriotas suyos ya estaban trabajando en ella. Le dieron el nombre de Courbeau, como se conoce en Francia a los curas (Audoubert por aquel entonces era sacerdote). Ese mismo día, y como plan B, comenzaron este magnífico diedro.

Para mí, esta fue una de esas vías malditas. No sé cuántas veces había intentado escalarla, pero siempre pasaba algo ajeno a mí –lluvia, indisposición…–, de forma que ni siquiera hacía la aproximación. Pero al final llegó el día D y la pude disfrutar con Llullu como cohetes, sin duda influenciado por la rapidez de mi compañero. Antes de hacerla, Oriol me hizo una buena recomendación: "En el L5 te metes en la chimenea desplomada. Esta se va cerrando poco a poco, tú sabes que tienes que salir a la izquierda, lo que no sabes es cuándo. Tranquilo, vas subiendo empotrado y, cuando ya casi no puedes progresar y te encuentras más pillado, sacas la mano izquierda a la pared exterior de la izquierda, no verás nada pero tocarás una chapa. Clavado". El resto de la vía fue coser y cantar, con una fisura memorable en el penúltimo largo, sin duda de los mejores largos de Montrebei y casi equipado, puesto que se puede escalar en artificial.

Como algunas clásicas ha visto pasar a toda velocidad escaladores de la talla de Jesús Gálvez, quien la realizó sin cuerdas, enlazándola con *Delfos*, y destrepando por la *GEDE* para ganar tiempo.

9. IDYL

400 m, 6a/A1 o 6b+ (V+/6a obligado)
1ª ascensión: 1979 Ricard Vila y Jean Ch. Peña.
Material: empotradores, friends nº 0,0 al 5 (repetir medianos). Algún clavo puede ser de utilidad.

....

Era la época caza-primeras en las paredes más famosas del momento; si tenías una buena línea evidente vista debías ir a por ella lo mas rápido posible, de lo contrario, el fin de semana siguiente quizás se te adelantarían. Dejar cuerdas fijas o material para indicar claramente que estaba en proceso de apertura no era garantía de nada, la competitividad era total. Ricard Vila y Jean Ch. Peña se colgaron de la pared con idea de salir en el día, al menos lo intentarían. Por si acaso llevaban unas fundas de vivac. Ese fin de semana fue particularmente frío y los largos inferiores exigieron

LUIS ALFONSO

SIDARTA GALLEGO

más de lo previsto a sus pretendientes, incluso les rechazaron en alguna ocasión y tuvieron que descolgarse para variar el itinerario pretendido. Fisuras intimidantes, trabajosas y más sucias de lo que lo están actualmente se sucedían hasta llegar a una pequeña repisa, donde se impuso la noche y hubo que improvisar un vivac sentados y con el único cobijo de unas fundas de vivac. Jean Ch recuerda especialmente esa noche con una sola palabra: fríííío.

Al día siguiente, continuaron la ascensión y a la vista de que la verticalidad continuaba, incluso acrecentada por algunos desplomes, pensaban en un segundo y angustioso vivac. Pero, al llegar al puro final, se encontraron con unas chimeneas espectaculares, pero de buena roca, y más agradecidas de lo que aparentaban desde abajo, facilitando la ascensión y ganando el tiempo perdido en otros largos más trabajosos. De forma que esa segunda jornada consiguieron llegar a los prados de la cima.

En realidad no es una gran clásica de Montrebei pero debería serlo, por estética

y por calidad. Eso sí, clama al cielo un reequipamiento de los pocos buriles que tiene y algún clavo más en puntos estratégicos.

Como recomendación, no entrar por los dos primeros largos originales que llegan a la repisa (diedro muy herboso). En su lugar lo podemos hacer por la aproximación al *Diedro Audoubert*, continuando más hacia la derecha por la misma repisa. Otra opción, que parece incluso mejor, es venir por la feixa desde el inicio de la *GEDE*.

10. Desequilibrio Hormonal

240 m, 6b+ (6a obligado)
1ª ascensión: 1986, Aitor Ormaetxea, Marc Arbós y Alexis Tibau.
Reequipada: 2019, Oriol Baró y compañeros.
Material: empotradores y friends nº 0,5 al 5.

....

Alexis y Marc tenían solo 18 añitos, Aitor un poco más, pero poco. Nunca antes habían estado en la pared pero orientan el Citroën GS hacia el Prat d'en Lluis. Ya a mitad de la subida pinchan una rueda. Le dan

IV+
6b+
6a+
6b
V+
V+
6b+
8
IV+
III
III

LUIS ALFONSO

III
6a
V
6b
6a+
6a
V-
6b+
6b
9

Abajo, Héctor Sala camino del difícil diedro rojo del L4 de *Desequilibrio hormonal*. Página izquierda, Sidarta Gallego prueba su elasticidad en la impresionante chimenea final de *Idyl*, y debajo, Luis Alfonso en la misma vía, remontando la chimenea roja del L9.

6a
6b
6b
V+
6a+
6b+
10

LUIS ALFONSO

unas vueltas al asunto y deciden continuar para arriba. Poco antes del prado revientan la de repuesto; mal rollo. Aitor es el elegido para bajar caminando hasta Àger (hay un buen trecho...). Los otros dos miembros del grupo buscarán un objetivo evidente para acometer. Caminan hasta la *Delfos* y terminan quedándose con el primer buen objetivo que habían visto, de las pocas rayas que recorrían la pared casi en su totalidad, aún virgen. Aunque en una zona de la pared más corta, su atractivo y dificultades eran evidentes.

Aitor aparece a las 3 de la mañana, había subido con unos escaladores madrileños, menos mal. Van ascendiendo en escalada combinada y con mejor roca de la esperada hasta llegar al diedro rojo del L4, de aspecto sobrecogedor y difícil, lo hagas como lo hagas. Se tragará todas las piezas gordas que queráis echarle de comer y regurgitará expulsando todas las lajas y rocas sueltas de su arsenal. Por suerte para nosotros, con las repeticiones ya está muy saneado y únicamente deberemos preocuparnos por

LUIS ALFONSO

unos bloques gigantes e inquietantes, empotrados y con mala pinta, pero ahí están con el paso del tiempo y cordadas.

En el siguiente largo, Alexis se agarra a donde no tenía que agarrarse y se va para abajo con la piedra, con tan mala fortuna que le machaca los dedos y tienen que bajar forzosamente, acabando el día en el hospital. Sin mayores contratiempos, al cabo de dos semanas finalizan el itinerario.

Hasta aquí esta selección de ultraclásicas, pero Montrebei ofrece muchas opciones. No dejéis de visitar otros itinerarios que merecen la pena tanto como los presentados, como: *Corbeau, Delfos, Tempestad Nocturna, EO Mir, Casiopea, La Barra del Bar, Torrades amb All, Latin Brothers, Náufragos de Soledad, Existencialismo, La Napia* o *Los Cuarentones*, entre otras de la primera hornada. De un período posterior ya tendríamos las "clásicas modernas", recogidas en otro apartado de esta revista.

Luis ALFONSO

Delfos
Buscando respuestas en las fisuras

En este reflexivo y personal texto, Santi Llop rememora su apertura junto a Jesús Gálvez

de la vía Delfos en 1982; hoy otra de las recomendables clásicas de la Paret de Catalunya.

NO pretendo componer un canto épico, aunque los ecos del pasado lo merezcan. Éramos jóvenes, rebosantes de energía e ilusión, hambrientos de descubrir. Siempre nos ha atraído trazar nuestras propias rutas, no a pesar de las dificultades, sino por ellas mismas: como quien se lanza al abismo buscando respuestas en el vacío.

Quedé con Jesús en Puente de Montañana y desde allí avanzamos a pie hasta el Mas de Carlets, una masía dormida en el tiempo, habitada hasta los años sesenta y ahora entregada al silencio. Nuestras mochilas, pesadas como juramentos, cargaban cuerdas, clavos, excéntricos, cintas, mosquetones, unos pocos "amigos del Galayar" y lo imprescindible para sobrevivir una semana. Comida escasa, utensilios para cocinar, y mucha más determinación que sensatez.

El día siguiente, autoconvencidos de que pasear bajo las paredes era una forma de descanso, exploramos con miniprismáticos las fisuras que rompían la verticalidad. Las líneas más evidentes ya habían sido reclamadas por otras cordadas anteriores. Nosotros buscábamos lo oculto: lo que no se ve desde lejos, lo que se revela solo al ojo entrenado.

Una línea serpenteante entre desplomes nos sedujo. Intuimos fisuras, pasos posibles. Pactamos llevar solo lo imprescindible: cuerda, unos seguros, algo de comida, saco de dormir ligero, una mochila compartida y el anhelo de que la intuición bastara. No preveíamos completar la ascensión en un solo día.

Nos costó encontrar el paso hasta la feixa de inicio. Abrimos un largo exigente, hoy ignorado por los repetidores actuales, más atentos al grado que a la historia. Desde allí, dejamos que el instinto dictara el camino, buscando siempre la lógica del relieve. Eludimos una zona de grandes desplomes y alcanzamos la octava reunión: una repisa coronada por una sabina tenaz.

La luz moría y los siguientes largos eran demasiado verticales como para encontrar otra repisa adecuada para pasar la noche. Decidimos vivaquear. Jesús, con meticulosidad casi quirúrgica, cambió sus lentillas por gafas. Comimos poco, reservando el resto para la mañana siguiente. Echamos a suertes el reparto del vivac. A mí me tocó el rincón estrecho, donde no cabían las piernas. Imaginación al poder: metí las piernas en la mochila, que fijamos a la sabina como si fuera un mástil de esperanza. Y mientras el frío buscaba resquicios, la noche nos abrazó en silencio, como tantas otras veces lo había hecho la incertidumbre.

El amanecer trajo esa mezcla de frío y propósito que sólo se conoce en la montaña. Con los músculos despertando a golpes de voluntad, reanudamos la escalada. La pared no concedía treguas. Cada largo exigía concentración y respeto. Subíamos sin expansiones: no las llevábamos ni como opción. Clavamos en las reuniones que lo exigían, allí donde no había árbol ni sabina que abrazar, y en los pasos clave donde los seguros flotantes eran difíciles de emplazar o simplemente imposibles. Pensamos en los que vinieran después: que no necesitaran martillo ni clavos para repetir nuestra línea.

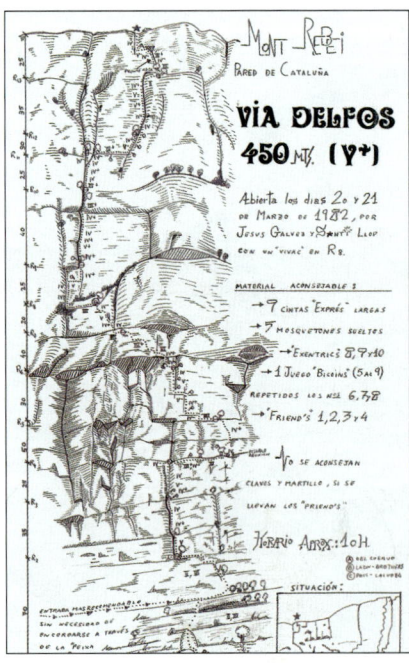

En ese momento, sentí que la pared hablaba en voz baja, como un eco de antiguos sabios. Y no era casualidad: habíamos bautizado la vía *Delfos*, en honor al templo donde los antiguos buscaban respuestas en las grietas del mármol. Nosotros las buscábamos en las fisuras de esta roca. Como los estoicos griegos, aceptábamos la dificultad como parte del camino, sin queja ni lamento, con la serenidad de quien se entrega al presente con todo lo que es y todo lo que puede ser.

Jesús Gálvez y yo culminamos la vía el 21 de marzo de 1982, tras dos días de esfuerzo honesto y silencioso.

Casi 38 años más tarde, el 14 de marzo de 2020, volví a recorrer ese itinerario. Éramos cinco: dos amigas, dos amigos, dos cordadas y una memoria compartida. Repetí cada tramo, cada decisión, como quien vuelve a leer una carta escrita con emoción. Se rompió uno de mis pies de gato, sí. Pero el verdadero calzado era el recuerdo. Siempre ocurre algo

Imágenes de Santi Llop repitiendo su *Delfos* en 2020 (arriba en el L6, abajo en la cumbre y a la izquierda en la travesía del L3, además de la prueba de que el pie de gato lo dio todo). A la izquierda, su compañero Jesús Gálvez durante la apertura (1982) y croquis original de la vía.

que da forma a la jornada, que arranca una carcajada en el descenso. ¿Será ese el motivo para seguir repitiendo vías?

Quizá. O quizá es que algunos caminos sólo tienen sentido cuando se vuelven a andar con otros ojos y nuevas compañías que nos aportan diversidad y enriquecen nuestra existencia. Porque la montaña no guarda rutas: guarda gestos. Y, a veces, repetir una vía es recuperar quién fuiste, para entender mejor quién eres.

Santi LLOP

MANUEL LÓPEZ

Picazo
y sus conversaciones con las paredes

Como en muchas otras paredes de nuestra geografía, también en Montrebei Antonio García Picazo ha dejado un legado de imponentes escaladas, abiertas principalmente en los años 80 y 90. Entre ellas destacan sus aperturas en solitario, de las que tiene una en la Pared de Aragón y otra en la de Cataluña, en las que experimentaba una conexión íntima con el medio que refleja en sus escritos.

«CUANDO nada más vi la pared por primera vez en mi vida con sus vertiginosos precipicios y sus imponentes diedros surgir de la matriz de la tierra elevándose al cielo como si fueran raíces, experimenté una profunda conmoción interior como nunca hasta entonces me había sucedido. El hechizo que sobre mi ejerció fue ciego, peligroso, ¡pero es tan bonito cuando uno se siente poderosamente atraído por la sublimidad de la majestuosa naturaleza, que personalmente no pude resistir la tentación de querer formar parte de todo ello!». Así describe Antonio García Picazo, en su libro *Escaladas en solitario*, la fascinación que sintió ante el imponente congosto su primera vez. Era principios de los 80 y se dedicó a repetir muchas de las clásicas existentes hasta el momento «hasta que no había repisa o tramo de pared que no me conociese».

Con la hamaca-puerta

En el otoño de 1982, se sintió preparado para afrontar una escalada en solitario en la Paret de Catalunya, en una línea ima-

FOTOS: COL. ANTONIO GARCÍA PICAZO

ginada por todo su centro que seguía un sistema de fisuras. Le costó tres intentos frustrados sucesivamente por distintos motivos, que le hizo tomar aún más conciencia de la envergadura de su proyecto. Por fin, tras 16 días de permanencia en la zona, se alinean meteorología, técnica y voluntad, y el 24 de octubre empieza el ataque definitivo, armado con toda su artillería pesada, cuerdas, comida, hornillo, ropa, agua y hasta una radio; todo metido en su «velero ambulante» que solo con mucho esfuerzo y habilidad puede controlar y arrastrar por los casi 500 metros de pared.

Llama la atención en su equipo la hamaca que transporta, según él mismo describe, «hecha de madera muy fina, a la que le he acoplado una colchoneta para mayor comodidad, abulta lo suyo, parece que vaya arrastrando una puerta por la

pared». Esta hamaca-puerta acabó siendo toda una leyenda entre los escaladores de Montrebei, durante mucho tiempo relatada de boca en boca.

Tras no pocos contratiempos, como un animalillo comiéndose parte de sus provisiones con nocturnidad, el hornillo que no quiso funcionar o la hinchazón de una mano, fue abriéndose paso por el «tenebroso mar de roca». Al tercer día de escalada, debido a la lenta progresión, decide empezar a tirar trastos por la borda, y lo primero que cae es la puerta de madera, «que es un auténtico trasto y además se duerme de lo más incómodo en ella». Todavía tuvo que soportar una tormenta al raso a la altura de la décima reunión y, al día siguiente, un fatal martillazo en su propio dedo, que se lo deja amoratado e inservible. Por fin, tras siete días y seis vivacs en la más completa so-

Arriba, Picazo durante la apertura de la vía *Raíces del cielo* (435 m, 6a/A2+ o 7b), que abrió con Manuel López en la Paret de Catalunya en 1984; a la izquierda, en esta misma vía, que surca la "Columna de Orión"; y en la borda en la que se resguardaban en esos años, antes de llegar al prado.

ledad, con una puerta hecha astillas en la base, Picazo pudo grabar con tinta invisible su nombre en la pared para la posteridad y culminar su relato: «Al Norte, los Pirineos sonreían».

La *Antonio García Picazo* de la pared de Cataluña, con 475 metros de recorrido, fue la primera vía abierta en solitario en el congosto de Montrebei, y de las primeras de este estilo en todo el territorio nacional. Hoy, con un grado de A2/6b obl, se ha escalado casi toda en li-

LUIS ALFONSO

COL. ORIOL BARÓ

bre (hasta 7a), excepto el gran desplome del segundo largo, y se suele repetir en una o dos jornadas.

Soliloquios en la Cassiopea

Dos años después, en 1984, se planteó otro objetivo en solitario, aunque no una apertura esta vez, sino la repetición de la vía *Cassiopea* «cuyo fascinante trazado lo tenía en mente incluso antes de que fuera abierto». Se le habían adelantado aquel mismo año Francesc Panyella y Enric Camacho, dejando una línea con carácter, siempre vertical o desplomada. Por el camino se fue encontrando con «clavijas de fabricación casera con alambre, ¿a quién, hoy en día y en una vía de esta calidad se le ocurre dejar un seguro tan ruinoso?», se queja Picazo, hablando consigo mismo. Es una escalada en la que experimenta en

toda su plenitud la sensación de soledad, con sus profundos momentos de desolación e incertidumbre: «En ningún vivac de los que hasta ahora he efectuado –en ninguno– he sentido este sepulcral e intenso temor de abandono que ahora me invade... por más que procuro, no puedo desprenderme de él. El remoto aislamiento que padezco me produce un gran respeto». Pero también con sus grandes momentos de explosión de alegría y sensibilidad ante tanta belleza: «Introducido dentro del cálido saco, absorto admiro uno de los más extraordinarios paisajes que ojos humanos puedan contemplar: resplandeciente, la Vía Láctea atraviesa la noche igual que si fuese una espada, nada la supera en belleza ni en grandiosidad. Dicen que los recuerdos más imperece-

A la derecha, Picazo en *Raíces al Cielo;* y abajo en una reunión de *Estación Orbital MIR,* de la Paret de Catalunya, que abrió con Sergi Parcerisas en 1997 (a la izquierda en la gran travesía de esta vía). Pág. izda, Oriol Baró en una repetición a la *Antonio García Picazo* de la Paret de Catalunya, y en otra repetición del *Pilar Picazo* de la Pared de Aragón, que sigue el pilar entre los dos grandes diedros. La foto pequeña (debajo) es una de las reuniones durante la apertura de *Raíces al Cielo* (1984).

deros en montaña son patrimonio exclusivo del hombre que en solitario la visita». Y así, con un soliloquio constante, tras tres vivacs (que se unen a los más de veinte que lleva ya efectuados en solitario en esta pared), abandona la cumbre despidiéndose de las repisas, diedros, amaneceres y hasta los murciélagos, que son ya sus mejores amigos.

Pilar Picazo, días de gloria

El siguiente objetivo solitario que se planteó Antonio fue un marcado pilar de la Pared de Aragón, para su sorpresa, todavía virgen en 1988: «Su aspecto es dominante. A ojo calculo que tendrá 200 metros, más otros 250 m de muro liso y vertical que habré de superar por la ruta CADE para llegar a su inicio. Nuestro tercer enfrentamiento es un choque de fuerzas, ¡fijamente nos miramos! Pero yo, con un debido respeto lo saludo. Él, la frente alta, serena, etérea. Es en todo superior. Yo, solo soy una mezcla de fantasía e inutilidad, poca cosa más, pero vengo de amar y respetar las montañas todo lo buenamente que he podido. Esas son mis armas; mi escudo, mi técnica. Él sabe de mis idilios, de mi lealtad. Por eso entablamos un diálogo,

MANUEL LÓPEZ

FOTOS: COL. ANTONIO GARCÍA PICAZO

un intercambio de personalidad». Y este mismo diálogo se prolonga durante toda la apertura, pues Antonio realmente mantiene conversaciones profundas con cada relieve que se encuentra, con techos que le miran con simpatía o diedros ante los que siente aprensión por su desprecio. Se imagina qué se cuentan los búhos que se comunican por las noches y hasta el día de hoy resuena en su memoria su ulular.

A base de clavos, pitonisas, fisureros, buriles, ganchos y mucho tesón, consigue ir doblegando el imponente pilar. Un agarre que se desprende le deja al límite de un vuelo y, ya hacia el final de la ascensión, la rotura de un afilado canto de roca le parte el labio. Como un guerrero tocado pero no hundido, después de cinco vivacs en la pared —tanto en repisas como colgando en el vacío con su hamaca— llega a la cumbre el último día de octubre, disfrutando conscientemente y con calma, con una hoja de tomillo en los labios, de estos «días de gloria».

Aunque se han relatado aquí únicamente sus escaladas solitarias, fueron muchos más los encuentros y aperturas que Picazo tuvo en Montrebei, paredes que amaba intensamente. Entra otras, abrió vías como *Vientos Peregrinos* (con Albert Cucó, 1984), *Raíces al cielo* (con Manuel López, en 1984), *Náufragos de la soledad* (con José Mª Porta, en 1984) o la *Olmo/Picazo* (con Joaquín Olmo, en 1989)... y otras cuantas vivencias que, como él mismo escribe, le han aportado «emociones de esas que, con el transcurso del tiempo, más se acrecientan y más valor tienen». ∎

Marrell en la bella *Femme Fatal* (260 m, 7b), que asciende por las placas de calidad a la derecha de la *Pilastra dels Voltors*, Pared de Aragón.

Para esta nueva selección, Luis Alfonso ha seguido el criterio de que sean «vías modernas a partir de cierta época con un cierto equipamiento (no totalmente limpias). Todas ellas, guapas, bonitas, buenas de narices. Claro que hay muchas más, pero estas son de las mejores». Aunque son de las que más se repiten y en su mayor parte salen en libre, exigen tener un buen nivel y, sobre todo, dominar las técnicas de escalada en pared.

12 *clásicas* MODERNAS DEL SIGLO XXI

Pared de Aragón:

1. 7 venas.
2. El Desliz.
3. Vía del Markitos.
4. Femme fatale.

Paret de Catalunya:

5. Vía dels Incrèduls.
6. Vía del Kike.
7. Cor Salvatge.
8. El Cau del Siux.
9. Globeros en Alaska.
10. Ateus.
11. Todo ventajas.
12. No Future.

LOS ochenta dejaron vías como las que hemos tratado en el artículo de "Megaclásicas" y muchas otras representativas que hoy se siguen recorriendo con admiración y respeto. Vías como *Latin Brothers* (por Lluís Baciero, Santi Marzo y Enric Renom, en 1981) o *Tempestad Nocturna* (por Santi Llop, Josep Ll. Moreno y Josep Ll. Sansot, en 1984) marcaron la pauta del libre y desde entonces son grandes referentes, que también sufrieron la polémica por unos reequipamientos y posteriores desequipamientos. En los noventa las pautas se siguieron consolidando en las nuevas líneas y con el cambio de siglo llegó la multiplicación de los itinerarios, sin pervertir el estilo de aperturas y el predominio del libre. Nombres como los de Albert Salvadó, Xavi Teixidó, Emili López, Miquel Blanco, Christian Ravier, Ramón Artiagas, Arnau Garreta, Armand Ballart, Remi Brescó, Jordi Tapia, Bernat Jover, Albert Segura, Senti Gracia, Roger Solé, Sidarta Gallego...entre otros –además de todos los que intervienen en este número en distintos apartados– han dejado en mayor o menor medida su huella en estas paredes. Pero no es el objetivo de este artículo repasar la historia de la escalada en el congosto. Para ello ya existen otros escritos (recomendable el artículo de Albert Salvadó que repasa la historia de Montrebei publicado en la revista *Desnivel* nº 278).

Aunque el auge del turismo, las pasarelas, aparcamientos, acondicionamiento de los senderos y otras intervenciones han pervertido una parte importante de su esencia, la escalada ha sabido conservar su carácter de autenticidad en este santuario. Hoy las opciones son tantas que pueden llegar a desbordar a quienes acuden a él por primera vez. Para ellos hemos seleccionado en este artículo una docena de escaladas que corresponden a la primera década de los años 2000, con alguna licencia temporan tanto por arriba como por abajo. Todas ellas tienen en común sus magníficos trazados, que presentan un grado no extremo, aunque son "de escalar", y tienen un equipamiento que combina las chapas –nunca abundantes– con la autoprotección siempre que se puede. No en vano se encuentran entre las más repetidas de estas paredes. No hay que olvidar en todo caso que es solo una muestra de las muchas opciones para el disfrute y la aventura que sigue ofreciendo Montrebei.

La pequeñez de esta cordada en la *Latin Brothers* pone en perspectiva las dimensiones de la Paret de Catalunya. A la derecha, atacando el desplome final de *7 venas*.

FOTOS: LUIS ALFONSO

PARED DE ARAGÓN

1. 7 venas

325 m, 6c/Ae o 7a+ (6b obligado).
1ª ascensión: 2008, Oriol Baró, Luis Alfonso y Sergi Ricart.
Material: empotradores y friends del 0 al 4 (repetir medianos).

....

Cuenta Oriol Baró que «en las conversaciones con Luichy se suele hablar de escalada y es muy raro que no se mencionen nuevas líneas para abrir en paredes cercanas. Yo había repetido hacía poco la clasiquísima *Santiago Domingo* y en una de las travesías pasabas por debajo de un diedro muy guapo. Partiendo de ese diedro y otro que había colgado por encima de la última feixa, diseñamos la vía sobre unas fotos. El invierno caluroso que reinaba en el Pirineo hacía muy apetecibles los planes roqueros y no tardamos en encontrar un par de días libres. Los primeros largos con roca de aquella manera, pero ni tan mal, y el diedro excepcional». Luis Alfonso continúa el relato de aquella apertura: «Fue todo bien hasta que, haciendo un agujero con el taladro, se me metió el polvo de la roca en el ojo, así que tuvimos que dejar cuerdas fijas y bajar. Dejamos allí todo, tanto en la pa-

red como a pie de vía. Solo nos quedaba un largo y medio para acabar, pero pasé una noche fatal, el ojo me dolía mucho, prácticamente no dormí nada, así que al día siguiente nos fuimos al médico». Ante la imposibilidad de seguir escalando, con todo el material ya en la pared y dado que se acercaba el fin de semana «pedí auxilio a Sergi, mi vecino de Taüll, para que me acompañara a terminar el trabajo», cuenta Oriol. Explica también que la vía lleva el nombre de un grupo de música del Chaltén, amigos suyos, «¡que este año vinieron de gira a Europa! *Sopla el viento, vuelan techos, no me importa nada...*»

2. El Desliz

600 m, 6c (6a obligado).
1ª asc: parte superior en 2013 por Luis Alfonso, Sidarta Gallego y Ferrán Rodríguez.
Parte inferior en 2016 por Ferrán Rodríguez y Luis Alfonso.
Material: friends del 0 al 4, repetir medianos/pequeños.

....

«A esta zona de la *Pilastra del Voltors* fuimos varias veces a hacer las vías que había, tanto la de la *Pilastra* como la *Puñalada trapera* y otras», cuenta Luis Alfonso, «y ahí ya íbamos viendo las placas

A la derecha, navegando por las placas fisuradas de *Desliz*, y abajo, Remi Brescó en una reunión de la cercana *Markitos*; ambas parten de la Feixa dels Espàrracs. Más a la derecha, ya en la zona de la Pilastra, se encuentra *Femme Fatale*, con una primera parte por placa gris y una segunda por desplome anaranjado (foto pág. derecha).

que hay encima, pero como no se veía mucha fisura, pues ahí se fueron quedando. Incluso una vez había hecho por allí una vía sin cuerda, en solo integral, Emilio Albir, pero nunca dijo nada nadie, en su línea muy discreto. Pero después fue Ferrán a abrir por allí la *Markitos* y realmente fue quien vio las posibilidades que tenía aquello. Nos dimos cuenta que la mejor roca de Montrebei está aquí, con una dificultad más asequible, pero claro ya había que meter chapas, así que abrimos unas cuantas vías, como esta del *Desliz*. Es una zona que está muy bien para ir en invierno, está resguardado del viento y le da el sol todo el día. La aproximación es larga, casi dos horas, pero es muy cómoda, así que se hace bien. Es un sector que va bastante gente».

En concreto el nombre de la vía viene «porque efectivamente tuvimos un pequeño desliz, y es que en el acceso, cuando llegamos al inicio de la pista –que ahora es una carretera asfaltada, pero antes no lo estaba–, nos dimos cuenta que ninguno habíamos traído el taladro, así que nos tuvimos que volver hasta casa –a unos 40 min de coche–, cogimos el tala-

dro, volvimos y lo sorprendente fue que ese mismo día conseguimos acabar la vía. Esto fue la apertura de la parte de arriba, que quedó muy guapa, pero nos habíamos quedado con la cosa de haber abierto también la entrada, así que al cabo de dos años volví con Ferrán e hicimos también lo de abajo. Hay mucha gente que hace solo la parte superior, pero vale mucho la pena empezarla desde abajo; son estilos diferentes, por el inicio es más de fisura. En conjunto queda una escalada muy completa».

3. Vía del Markitos

275 m, 6a+ (V+ obligado).

1ª asc: 2013, por Alfonso Domínguez y Ferrán Rodrígez.

Material: friends del 0 al 3 (repetir del 0 al 1,5).

Empieza a la derecha de la anterior. Es una vía muy buena que transcurre casi toda por placas de franjas con roca excelente. Tiene chapas pero los seguros están lejos, requiere colocar friends intermedios y se aconseja no desaprovechar ninguna oportunidad de autoprotección, porque puede que más arriba ya no encuentres nada. A destacar especialmente la placa del tercer largo (6a).

4. Femme fatale

260 m, 7b (6b obligado).
1ª asc: 2007, por Albert Salvadó y Albert Castellet.
Material: friends nº 0 al 3,5. Recomendable llevar navaja y cordinos de repuesto para ir cambiando los numerosos puentes de roca que encontraremos.

....

Vía que asciende inmediatamente a la derecha de la *Pilastra dels Voltors*. Transcurre por placas de agujeros con roca excelente y buen ambiente en la zona superior. Albert Salvadó, uno de sus aperturistas, describe en su blog (Ganxets): «Un bocado exquisito bastante arreglada con parabolts y puentes de roca equipados». Sobre el nombre escogido para la vía, cuenta la anécdota: «Dedicada al mejor cuerpo de la guardia civil, una belleza que vino a

RÉMY THIVEL

FOTOS: LUIS ALFONSO

COL. SIDARTA GALLEGO

PARET DE CATALUNYA

5. Vía dels Incrèduls

420 m, 6c/A1 o 7b (6b+ obligado).

1ª asc: Gaspar Maza, Albert Salvadó, Kike Ortuño (1998).

Material: empotradores y friends del 0 al 4, con medianos y grandes repetidos. Opcional algún gancho y clavo.

....

Comparte primer largo con *Latin Brothers*, otra de las grandes clásicas y de las más repetidas de la pared, y transcurre después paralela a esta, aunque con largos de mayor dificultad. Es una magnífica vía que se hace toda en libre sobre roca excelente, salvo algún tramo puntual. Los dos últimos largos vuelven a ser comunes con la *Latin Brothers*.

Aunque, de toda esta selección, esta es la única vía que se abrió antes del cambio de siglo, ha sido incluida en este listado por el carácter con el que fue abierto y su concepción. Según explica Albert Salvadó 'Ganxets' en la reseña, la vía «está dedicada a Jaume, Arti y a Ignasi, los incrédulos».

despertarnos el día de la primera repetición, pensando quizás que se las veía con cazadores furtivos. Esa noche soñamos todos con unas piernas largas enfundadas en botas de cuero negro. Bueno, de los cuatro soñamos tres. Y sí, la chica tenía razón, eramos –somos– cazadores de primeras, a veces furtivos en las formas».

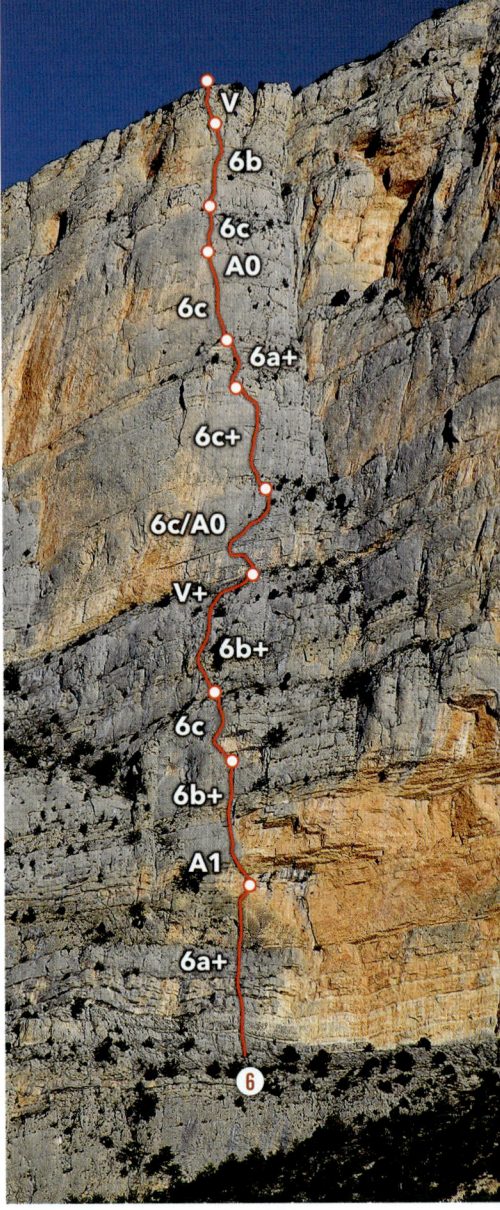

6. Vía del Kike

420 m, 6c+/A1 o 7b+ (6b+ obligado).

1ª asc: Dani Passarrius, Álex Estela, Gaspar Maza, Albert Salvadó (2001-02).

Material: friends del 0 al 3,5 (repetir del 0 al 2)m empotradores y cordinos. Opcional gancho, estribos y algún clavo plano.

....

Solo dos años después de la primera ascensión de la vía anterior, *Incrèduls*, uno de sus aperturistas, Kike Ortuño, falleció en accidente de escalada (noviembre 2000). Al año siguiente sus amigos comenzaron esta vía en su memoria "dedicada al Jefe dels Ports", como dejaron constancia en la reseña, que remataron en el verano de 2002. Una escalada bonita, difícil y sostenida, con mucho ambiente.

Quince años después, su compañero en esa y otras aventuras, Albert Salvadó, le recuerda emotivamente en una entra-

FOTOS: LUIS ALFONSO

Route topo overlay (left to right / bottom to top):

- IV
- 6c
- A1 (7b)
- V+
- V
- 7a+
- V+
- A0/6b (7b)
- 6b+
- 6b
- 6c
- 6b+
- 6c
- 6b
- 6a+
- 7a
- 6b
- 6a
- 6b
- A1 (7a)
- 7a
- 6b
- 6c+
- Ae/7a
- 6c
- 6c+
- ⑤
- ⑦
- 6b
- V+
- 6a

da en su blog que titula *Los amigos no mueren nunca*, en el que rememora aquellos tiempos de juventud, «de ilusión y de descubrimientos, de sorpresas. Llenábamos los coches a reventar, cuatro personas y bultos. Carretera y manta, sin furgoneta. La escalada tenía un punto de marginal, de contestatario, no era un escaparate en el que lucir marcas o estilos, donde exhibir grados. Aún había líneas míticas con "dragones" escondidos, sobre todo en invierno o en los Pirineos. Afrontábamos cada vía "grande" como si fuera la última, convencidos de que nos jugábamos la piel, compensando carencias técnicas o físicas con unas ganas descomunales, con enormes dosis de voluntad.

Era aquí donde Kike marcaba la diferencia: valiente como ninguno, osado y atrevido hasta un punto de provocación. "Sin miedo no hay escalada", la frase que mejor le define, una de sus preferidas. Le gustaba adornar las reseñas con pensamientos que le habían golpeado, con sentencias definitivas. Tenía mucha habilidad para poner nombres ocurrentes en sus aperturas. Bajo esa personalidad instintiva se escondía una inteligencia aguda y una extraordinaria sensibilidad para captar las cosas importantes de la vida».

Debajo, catando los friends antes de instalarlos en la *Vía del Kike;* una línea dedicada al escalador Kike Ortuño, que en la foto de la izquierda hace una travesía durante la apertura de la *Vía dels Incréduls*. Página izquierda, en las verticales placas de *Femme Fatale*.

7. Cor Salvatge

470 m 6c/A2 o 7b (6c obligado).

1ª asc: 2003, Eli Olive, Manu Velázquez, Albert Salvadó.

Material: empotradores, friends del 0 al 5 (repetir pequeños y medianos), 1 gancho y algún clavo (si entramos por el L1 original).

El primer largo es el que contiene más escalada artificial (A2), lo habitual es evitarlo por el primer largo de *Latin Brothers* (reseñado en este croquis) o de la contigua *Courbeau* (6a). Es un magnífico itinerario sobre roca excelente, muy mantenido, abierto sin usar expansiones.

Sobre su apertura, Albert escribe en su blog (Ganxets): «Abrir una línea nueva en 2003 en una pared tan concurrida llena de forma especial. Esta salió bonita, mantenida, sobre roca espléndida, sin chapas pero fácilmente protegible. Dejamos una cuerda estática un par de semanas. Alguien que había intentado la *Picazo* sin éxito la utilizó para rapelar y, como no se fiaba de los pitones de donde estaba

Abajo, en el L13 (7a) de la *Cor Salvatge*, vía abierta enteramente sin expansiones. Página derecha, abajo, foto reciente de Joan Vidal (aperturista de *El Cau del Siux* en solitario en 2009) abriendo la vía *Niltina* en la zona de Áger. Arriba, durante la apertura de *Globeros en Alaska*.

LUIS ALFONSO

COL. ALBERT SALVADÓ

anclada (¡y estaban a prueba de bomba!) plantó un par de espits. Qué cabreo al descubrirlos. Los rompí a martillazos en un acceso de ira descontrolada, y aún ahora se aprecian los casquillos en el tercer largo. Con el tiempo aparecieron dos parabolts al lado de la R8, fruto de un rescate en una vía vecina. Parece que las expansiones crían y proliferan...».

Durante un tiempo Albert estuvo intentando escalar en libre el L13 (7b), tal y como relató en 2012: «Le tenía a esta vía –aún le tengo– un amor especial, y encadenarla se había convertido en mi pequeña gran obsesión. Nueve años y siete pegues para encadenar un puñetero largo, sin contar los cuatro días invertidos en la apertura. Mucho, demasiado tiempo. Llegaba al largo TRECE y me revolvía de nervios. Me había acompañado una pila de amigos, muchos de los cuales la habían hecho a la primera –¡qué desconsiderados!–. Hasta que un sábado, en medio de canícula y contra todas mis esperanzas, por fin cayó. Olatz también la encadenó, ella a vista. Algunos tienen aptitudes... Gracias a todos los amigos y amigas que me han acompañado».

8. El Cau del Siux

270 m, 6c/Ae o 7b (6a obligado).

1ª asc: 2009, Joan Vidal en solitario.

Material: empotradores y friends del 0 al 2,5; recomendable navaja y cordinos para renovar puentes de roca.

Soledad Vertical

Montrebei siempre ha sido un referente para quienes buscamos vías de aventura pura. Esa mezcla de tradición, compromiso y verticalidad lo convierte en un terreno donde cada línea se gana con esfuerzo, donde la lógica de la pared solo se revela al que se detiene a observar.

Con el tiempo, después de ir visitando y conociendo sus secretos más asequibles, de repetir muchas de sus clásicas y de retirarnos de otras tantas, empecé a fijarme en rincones menos frecuentados. Sectores sin apenas actividad, donde las líneas no estaban del todo claras. Fue así como una secuencia de fisuras, a tramos interrumpidas y algo caóticas, captó mi atención. Desde abajo, parecía que llevaban a una pequeña cueva colgada a media pared. Durante años, esa imagen se me quedó grabada.

Comenté muchas veces la posibilidad de abrir una vía por ahí, pero siempre quedaba en eso, en una intención. Hasta que un día, sin más, decidí ir solo. No sé si fue un impulso o simplemente que por fin coincidieron el momento y las ganas.

La apertura en solitario fue una experiencia dura. Largas jornadas cargado con todo el material, buscando conexiones entre fisuras, evaluando cada paso, cada opción, sin saber si realmente tendría continuidad. Algunos largos me dejaban tan agotado por el peso del equipo que al llegar a la reunión necesitaba sentarme un buen rato antes de seguir. Pero el proyecto iba tomando forma. Metro a metro, la pared iba cediendo.

Finalmente, encontré el camino hacia esa fisura central que me había obsesionado desde el principio. La cueva, el "Cau", estaba ahí, al alcance, pero opté por no dormir en ella como había soñado tantas veces. Las circunstancias, el cansancio… no lo vi claro. Así que esquivé los desplomes por la derecha, enlacé diedros y pequeñas fisuras y fui subiendo hasta que una chimenea me condujo a una gran terraza pedregosa.

Desde allí, un último esfuerzo me llevó a la cima. Fue un momento raro: mezcla de alivio y tensión, porque la bajada aún me esperaba. Apenas tuve tiempo de asimilar lo que acababa de hacer. Empecé el descenso con todo encima, por terreno vertical pero ya conocido. Por suerte, todo salió mejor de lo previsto. Llegué al suelo destrozado, sí, pero también con la sensación de haber vivido algo muy intenso.

Durante todo ese proceso, hubo días en los que descansaba entre largo y largo. Subía, fijaba cuerda, bajaba… la rutina de una apertura en solitario. La sole-dad agudizaba los sentidos y era agradable. Cada sonido se volvía más nítido, el viento parecía hablarme, y hasta los silencios tenían matices. El tiempo, simplemente, dejaba de existir.

Mi perro Sioux se quedaba a pie de vía, esquivando los bloques que iba tirando durante la ascensión, y me esperaba hasta las últimas luces del día. Al final de la jornada, le contaba mis batallas: los errores, los pasos tensos, las pequeñas caídas, los seguros mal colocados… Él no respondía, pero en su mirada encontraba la calma que necesitaba. Y yo sentía, de verdad, que me entendía.

Joan VIDAL

9. Globeros en Alaska

255 m, 7a (6b+ obligado).

1ª asc: 2007, Sergi Grau, Annalisa González, Alex Estela y Albert Salvadó.

Material: empotradores y friends del 0 al 3,5.

....

Muy buena vía con roca excelente en todo el recorrido, que va combinando placas y pequeñas fisuras. Sobre su nombre, que Albert –uno de sus principales aperturistas– califica de "ridículo para una vía preciosa"; él mismo cuenta esta historia en su blog: «Las razones hay que buscarlas en un viaje realizado meses atrás en compañía de Alex y Eli. Quince días a piñón entre vuelos, avionetas, hielo, nieve y paredes en un remoto glaciar de Alaska, el Ruth Gorge. Quince días durante los cuales nos sentimos como auténticos principiantes de la vertical. Bastó ver el estado en que rescataban a cuatro coreanos que habían intentado nuestro objetivo inicial (el Moonflower Butress al Mount Hunter) para hacernos caquita en los pantalones. Una previsión de temperaturas elevadas (relativamente, hablamos de Alaska) nos obligó a cambiar el hielo por la roca, y a bajar de cota en busca de paredes sin tanta nieve.

Allí terminamos dos chicos de pueblo y una chica, y acabamos juntándonos con otros cuatro yankees de la América profunda. Una pandilla de ignorantes con pinta de escaladores, delatando nuestra escasa experiencia pese a la indumentaria de última generación que llevábamos. Y eso, en ciclismo, se llama Globero».

«*Globeros* se ha convertido en una de las 5 vías más repetidas de Montrebei, como diría un amigo de Madrid, "por la maldita conjunción de parabolt y 7a", un binomio no necesariamente peyorativo asociado a escalada de consumo. Las repeticiones han limpiado los largos, saneado cantos, resaltado con magnesio las presas óptimas. Todo ello ha terminado por convertir la vía en mucho más asequible. Cuando abrimos el cuarto largo, por ejemplo, pensé que superaba el 7b+. Luego, a medida que lo probábamos, el consenso tendía a 7b. Acabé poniendo 7a+/b a pesar de que algunos de mis compañeros fuertes habían caído a vista. Ahora dudo entre 7a y 7a+, aunque eso poco importa si la vía os gusta», sentencia Ganxets.

COL. JOAN VIDAL

COL. ALBERT SALVADÓ

FOTOS: LUIS ALFONSO

Abajo, Ester Sabadell danzando con la roca en *Ateus*. A su derecha, Xavi en el inicio de la vía *Todo Ventajas*; y más a la derecha, en los primeros largos de *No future*. Página derecha, Josep Pastes escala la vía *Sin Perdón* de la Paret de Catalunya; una exigente escalada de 400 m, 6b+/A1, abierta por J.M. Porta y A.G.Picazo en 1994.

10. Ateus

215 m, 6b+ (6a obligado).

1ª asc: 2014, Luis Alfonso y Hétor Sala.
Material: empotradores y friends del 0 al 5 (repetir medianos).

....

Vía que recorre unos diedros muy vistosos en cuya apertura, según Luis Alfonso, «no tuvimos ningún contratiempo. Encontramos roca muy buena menos un larguito fácil con mala roca (L5, V) pero el resto es excelente y con fisuras que se protegen bien. La salida la hicimos por un

espolón más monolítico, donde dejamos alguna chapa, y el resto quedó limpio. Es una vía que se repite con frecuencia, lo que ya dice bastante de ella».

11. Todo ventajas

250 m, 6b+ (6a obligado).

1ª asc: 2013, Chavi Raventós y Luis Alfonso.
Material: friends del 0 al 5 (repetir medianos).

....

Sobre esta línea nos cuenta Luis Alfonso que «fue la primera vía que abrimos en esa

SANTI GRACIA

zona derecha de la pared, que de entrada se ve muy "matojera", y sin embargo al final quedó una vía muy redonda. Después abrí unas cinco más en esa zona y es cierto que hay tramos de hierba en algunas partes, pero se pueden esquivar. Entre todas las de este sector creo que esta es la que mejor quedó, la más continua. La anécdota fue que, según nos contaron unos amigos que estaban por allí, por detrás se veía el cielo negro de un tormentón que venía por el norte. Aquello daba miedo, pero como no lo veíamos desde donde estábamos, pues seguimos para arriba tan felices. Al final no cayó tanto como parecía, solo unas gotas cuando salíamos; tuvimos suerte». La vía cuenta con mucho emplazamiento para autoprotección y el tramo clave de placa (L4, 6b+) se encuentra equipado.

12. No Future

250 m, 6a+

1ª asc: 2014, Sidarta Gallego, Dani Martín.
Material: dos juegos de microfriends (semáforo) y dos juegos de friends hasta Camalot n° 3 (incluido).

....

Vía abierta el 3 de mayo de 2014 en una jornada que no presentó contratiempos, dejando una vía sinuosa pero con largos muy bonitos, combina placas, diedros y fisuras; buena roca en general salvo en tramos puntuales y L7. El comienzo de la vía es evidente por la formación de chorreras que tiene al principio, nada común en las vías vecinas. Atención a las regulaciones, pues en la actualidad (primavera 2025), está limitada la escalada en esta zona de la pared, por nidificación de aves. ■

40 años por Montrebei

Josep Pastes ha repetido prácticamente todas las vías que hay en Montrebei, algunas de ellas varias veces, y es que cuatro décadas escalando por sus paredes favoritas dan para mucho. Entre sus compañeros habituales están 'Piju' y Paco, así como otros incombustibles montrebeianos.

Mi primer contacto con las paredes de Montrebei fue en el año 1984, hacía solo dos años que había empezado a escalar. Nos juntamos, por una parte, los hermanos de la Matta y Raimon Florensa, que escalaron la vía *Antonio García Picazo*, consiguiendo la primera repetición en el día. Por otro lado, Marti Cabré y yo hicimos una vía más humilde, la *Paül-Lalueza*. De buenas a primeras me impactó mucho la grandeza de la pared pero, una vez en la faena, todo fluyó y escalamos disfrutando "de lo lindo".

Años después, en el 1987, repetí el *Diedro Gris*, pero no fue hasta 1993 que las visitas anuales eran obligadas, llegando a escalar hasta 10 vías en el mismo año (2006-2016). Los primeros años lo normal era ir a dormir en el prado al lado de un buen fuego, o en la barraca que hay antes de llegar (ahora arreglada y cerrada). Tenías que espabilar para buscar una buena reseña, situar la vía en la pared, siempre cargado de maza y un buen surtido de pitones, vamos, que todo era más "aventura".

En 1989, Antonio García Picazo sacó la primera guia de montaña, las 47 vías que aparecían en aquel tiempo ya las podías situar en la pared, pero debías tener un poco de imaginación, eran simples líneas en un papel.

Actualmente también cuesta encontrar el itinerario por la gran cantidad de vías que hay, cerca de 300. En el año 2008, el Piju (Jordi Pijuan) me propuso abrir una nueva vía: *A vista cansada*. Salió una linea dura para el nivel que yo tenía, con "roca a estudiar", como dice el Piju, supongo que ya se entiende. Gran parte del itinerario fue abierto por él.

A veces me piden que recomiende alguna via, el hecho de haber escalado 132 vías, contando repeticiones de algunas de ellas, puede llevar a creer que tengo algún criterio, pero la verdad es que me cuesta mucho recomendar alguna. Los que ya me conocen no me preguntan, saben la respuesta: "Me gustan todas". Pero bueno, me voy a mojar, una vía que le tengo mucho aprecio y he repetido tres veces: la *Estación Orbital Mir*. Por contar alguna curiosidad, intentando apurar el sexto largo de la vía *Crucero Crosta Dorada*, apreté tanto que me rompí un diente...

Por otro lado, la vez que he pasado más miedo en Montrebei fue haciendo el primer largo de la vía *L'Estaca*, pero no te lo pierdas, años mas tarde la volví a repetir pasando el mismo miedo. ¡Hay que ser tonto!

Tengo 63 años y este año ya me he podido estrenar en Montrebei repitiendo la vía *Força G*, una de las últimas abierta en la pared que, por cierto, es muy buena y lógica.

De momento, voy a Montrebei con la misma ilusión y ganas que el primer dia, por algo es mi pared favorita. Y mientras la fuerza y el estado físico y mental me lo permitan, iré tantas veces como pueda.

Josep PASTES

MONTREBEI
Paraíso artificial

Pelut en primer término, y Joan Gibert asegurando desde la hamaca, durante la apertura de *El festival de la porra*, abierta en 2021, con 535 metros y un grado de A4+/6a; es una de las propuestas más duras de artificial de la Pared de Aragón.

Anécdotas montrebeianas

En las 17 vías que ha abierto Jaume Clotet 'Paca' en Montrebei –11 de ellas en solitario– desde su primera Festa del Paca (en solitario, en 1998) a la Club Bondage (con Pelut, en 2011), caben incontables risas, lágrimas, temblores y anécdotas como las que nos comparte aquí.

LEVO 40 AÑOS EQUIVOCADO. El congosto de Montrebei de paraíso natural no tiene nada: hay un pantano donde tendría que haber un río y un camino tallado y unas pasarelas prefabricadas por el hombre donde no tendría que haber nada.

Pero para la escalada artificial, era un Edén en esos años donde los montañeros eran sus principales habitantes, a diferencia de hoy en día, que han sido sustituidos por los turistas.

La fiesta mayor de l'Estall

Santiago Domingo era el único habitante del pueblo de l'Estall. Aislado del mundo, sólo los fines de semana se encontraba con los escaladores y algún cazador. Noches de sábado interminables en su casa para quitarse el miedo a la escalada del día siguiente, que seguro que sería dura. En una de sus charlas nos contó que, de joven, vino Franco al pue-

blo y se llevó la campana de la iglesia, así que él desde pequeño añoraba su sonido. Quisimos comprarle una entre toda nuestra peña, pero eran tan ultra caras que desistimos... La semana siguiente era mi cumpleaños y le pedimos permiso para montar una fiesta en su pueblo, propuesta que aceptó de inmediato. Así pues, nos presentamos unas 30 personas y la liamos como se liaban las cosas en esos tiempos: montamos un escenario donde mi grupo tocaría, mesas donde había de todo, preparamos fuegos artificiales y más cosas que no se pueden contar... El bueno de Santiago nos preguntaba cómo se comían las gambas y, al tirar el primer cohete, nos dijo que eso lo había visto ya de pequeño... ¡era enternecedor!

Sobre las 5 de la mañana, el desfase era ya imparable, el grupo rocanroleaba a tope y en eso que se me acerca Santiago y me dice: «Muy bien, pero... ¿del Manolo

FOTOS: COL. JAUME CLOTET

DAVID PALMADA

Arriba, durante la apertura de la *Alucinosis* a la Pared de Aragón (1994, con Marcel Miró), y con Santiago Domingo, el último habitante de Estall, el día de la fiesta que culminó en sus *Festas del Paca* (abajo, a la derecha, Paca en plena *Festa* en la Pared de Aragón, 1998). Abajo, Marcel Miró abriendo *Fliposis* (1994), Paret de Catalunya. Derecha y en la otra página, en el *Festival de la Porra*.

Escobar no sabéis ninguna? Fue el último en retirarse a dormir».

De esa increíble noche salio el nombre de *La festa del Paca*.

Mi primera vez

A finales de los 80, un buen amigo me llevó por primera vez a la pared de Aragón. Con su Patrol 4x4, Marcel Miró me enseñó el lugar y unos cuantos secretos. Tenía un macro proyecto de apertura que intimidaba: todo el paredón desplomado, con sus techos a la izquierda de la *CADE*. Nos metimos al trabajo y de allí salió la vía *Alucinosis*, un "vión" de los mejores del congosto, así, sin abuela...

En los días que estuvimos allí, lo peor fue escuchar los gritos de Carles Brascó dándose saques en su segunda ascensión en libre de la vía *Totxaires*.

Delante nuestro estaba Antonio G. Picazo y J.M. Porta abriendo la *Sin perdón*. En uno de sus viajes, quedó atascado su Renault 4 azul en el barro de la pista y Marcel y yo los rescatamos con nuestro tanque. Porque sí, amigos, antes que asfaltaran y arreglaran los caminos, Montrebei era tan salvaje que, si llovía mientras estabas allí, no salías en una semana porque el barro de la pista era impracticable. Era la mejor y más natural manera de no masificar el lugar.

Dormir en vertical

Es sabido por todo el mundo que los vivacs en pared de Montrebei son los mejores del universo, y quien diga lo contrario es que no ha dormido nunca en ninguna de sus repisas o en hamaca. Las puestas de sol allí son mejores que las de Ibiza...

Pero una vez lo pase muy mal. Estaba en la Paret de Catalunya abriendo *La festa del Paca* en solitario y, en mi segundo vivac, ya de noche, empecé a oír gritos y quejas cada vez más inquietantes. Papila y sus amigos estaban repitiendo *Nirvana* y les cayó la noche encima. Les pregunté si estaban bien y tal, pero no pude ayudarlos porque quedaban lejos de mi alcance. En eso que llegó el frío y las quejas fueron en aumento. La noche fue muy larga para ellos pero sobre todo para mí que, calentito en mi hamaca con todos los servicios y vicios, no pude dormir tranquilo por culpa de los vecinos. ¡Igual que en la ciudad!

Nunca escales con extraños

En una fiesta de aniversario de Sílvia Vidal en algún lugar del Montsec, se me acerca un tipo y me pregunta: "¿Eres el Paca?". "¡Depende!", respondí de manera seca y distante. "Es que tengo un proyecto en Montrebei que tiene un tramo de artificial, para que me lo abrieras tú". Entonces mi gran ego se descontroló y acepté acompañarle. Y me engañó: no era un tramo, ¡fue toda la vía! Bendito engaño.

Felipe Valverde, alias 'Tronko', no había puesto una expansión en su vida y, como no sabía, prefería ganchear. Así en la segunda tirada, empezó a hacer pasos y pasos de gancho seguidos hasta sacarme de quicio y le obligué a espitar o no seguía. A3sup dicen... Al recuperar el largo, me asusté de su grandísimo trabajo y me quedé acobardado por tener que seguir con él otros 300 metros más. ¡Era tan bueno! Y yo, el "rey del artificial", ¡tan pequeño a su lado!

En el peligroso último largo repitió la jugada, pero ya sin expansionar hasta la cima y con salida difícil en libre de regalo. A4 dicen. Al final, los largos duros de artificial los abrió él. Fue un autentico *Festival del gancho*.

Fui humillado, ¡y no sabéis cómo me alegré de que lo hiciera!

Nunca escales con extraños, dicen... es un error. Así encontré a uno de los más grandes escaladores de Montrebei. Un tipo que en la misma semana encadena su primer 8a y su primer A5 no lo encuentras cada día.

Ver para creer... ¡y rectificar!

Mi compañero Potronko, un amigo vasco, y yo nos dirigíamos en una gran canoa a la Pared de Aragon para empezar un nuevo proyecto. En la otra orilla, dos tipos muy delgados intentan hinchar una barca de plástico barato para cruzar. "¿Queréis que os pasemos a la otra orilla?". Nos miran y no responden. Tienen un perrito que no para de ladrar. Vuelvo a insistir a gritos y no contestan. Entonces nos acercamos a ellos y, al llegar, el más fuerte exclama: "¿Eres el Paca?".

Quien lo pregunta es Chris Sharma, que se encuentra allí probando su macro proyecto de 9a junto con un amigo. Como él sabía que yo criticaba su manera de abrir, allí hubo una tensión sexual no resuelta entre los dos y, para rebajarla, le dije que sí y que se subieran a la canoa. Al hacerlo, le apreté la mano y le solté: "¡Dos maneras de ver la escalada unidas por una canoa!". Y entonces empezó el show.

Cuando empezamos a ver en directo cómo subían por sus cuerdas fijas y cómo escalaban de bien, a Potronko y a mí se nos quitaron las ganas de escalar y nos quedamos embobados observándolos. A mí también se me quitaron las ganas de criticar a nadie desde las redes... ¡Qué manera de escalar!

El mundo al revés. Potronko no entendió que el gran Sharma me reconociera a mí. Yo tampoco, la verdad...

Jaume CLOTET 'Paca'

Galáctico y salvaje

Para Pelut «Monrebei es un lugar especial, donde he vivido un poquito de todo, primeras ascensiones, primeras repeticiones, innumerables pérdidas por todos sus caminos... pero siempre volviendo a la realidad satisfecho y contento de lo vivido».

FOTOS: DAVID PALMADA 'PELUT'

MONREBEI me ha hecho vivir aventuras increíbles, vivacs estelares en sus paredes, y al mismo tiempo me ha enseñado su lado más duro, viviendo tormentas eléctricas que nos ponían literalmente los pelos de punta, pensando con cada rayo cómo sería nuestro fin (como en la primera repetición de *Sopa de farigola*, junto a Quim Gatell), o la de terminar con mi compañera en el hospital de Tremp para que le suturaran el codo tras la caída de una laja gigantesca que no nos mató de milagro durante la a apertura de *Good bye Bunny*, junto a Jaume Clotet (una vía dedicada al desaparecido Rainier Munsch).

En el apartado de los malos recuerdos también tengo que mencionar la pedrada monumental que terminó partiéndome el casco por la mitad y dejándome aturdido por unos instantes, regalito de mi buen amigo Felipe Valverde 'Tronko' durante la apertura de *Club Bondage* junto a Paca, que al final acabó en risas al ver que quedó en un susto. Y digo risas porque, como decíamos, con lo grande que es Paca, tiene cojones que me tenga que dar a mi la piedra, que soy un enclenque mugrilla sin chicha ni limoná. Es lo que tiene Monrebei, que su roca es galáctica y salvaje... Y el apartado galáctico mola muchísimo, pero el lado salvaje hasta que no lo domamos es precaria y peligrosa.

Tengo millones de historias imposibles de escribir en cuatro líneas, pero me quedo con esas conversaciones de vida con Tronko en la hamaca durante la apertura de En busca de la placa perdida, confesiones de un estilo de vida difícil de entender pero compartido, vivencias que en ese entorno son mágicas.

También he salido de *Incontinencia* con una dulce nevada, una vía buenísima que he escalado tres veces, la última en menos de 24 horas con la cordada Font/Servosa; una escalada buenísima muy avanzada a su época.

Con David Fernández 'Muchachito' empezamos lo que para mí fue mi inicio del ASC (*arti speed climbing*) y todo de casualidad. Fuimos a repetir la vía *Alucinosis* a la pared de Aragón y, después de pasar los dos techos gigantescos y vivaquear, nos pilló una tormenta que no paraba, teniendo que retirarnos desescalando todo al revés (percalito del guapo). Una vez sanos y salvos, y conociendo los primeros largos "el Mucha" me propuse intentarla en el día, rollo ligeros y a muerte. Y así lo hicimos, una escalada relámpago donde yo escalé la primera parte a fondo y Mucha tiró de libre montrebeiano sin asegurar (acojonado me tenía) pudiendo salir de noche a la cima, en la cual nos perdimos. Y aquí nos pasó una cosa que no olvidaré jamás: dos de la madrugada, sin agua y perdidos por las feixas de Aragón, llamo a Albert Salvadó; respuesta inmediata: "¿Qué pasa Pelut?". Le cuento la movida y automáticamente me da unas instrucciones precisas de dónde estoy y me dice que en tal árbol hay dos botellas de agua que habían guardado junto a Tato para cuando probaran una vía... Ese agua nos salvó la vida, ¡gracias y gracias!

No puedo despedirme sin contaros que mi última apertura en Aragón, junto a Joan Gibert, El festival de la porra, es una de esas grandes vías que puntúan para los futuros repetidores. Un regalito de mi amigo Paca: una línea que continúa la vía Alopecia Lunar, que repetí con él y donde después se unió Joan para llegar a la cima 12 días después. Un festival desplomado e infernal en uno de los entornos más salvajes y románticos del congosto, al menos para mí... Queda aún mucho trabajo y muchas aventuras para compartir, pero para estas tendremos que esperar al próximo Especial de mi revista de toda la vida, Desnivel, sobre Montrebei 2.0. ¡Salut y sambarinait para todos!

David PALMADA 'Pelut'

La vía Festival de la Porra (foto superior y las de la pág. izda) se trata de la primera parte de Alopecia lunar (de la que Pelut, Paca y Joan hicieron la primera repetición), prolongada hasta la cumbre con la nueva línea, por Pelut y Joan Gibert. Aabajo, varios momentos de Pelut y Felipe Valverde 'Tronko' abriendo En busca de la placa perdida (355 m, A5), en la Paret de Catalunya. Tronko falleció en 2019 descendiendo del Chukima-Go, en Nepal.

Las clásicas del futuro
Josep 'Tato' Esquirol

Cuenta en su haber con aperturas de renombre en el congosto, como Llastritis, Vàndals, Llibertat d'expressió, Homo Tapiens o Despertaferro, entre otras, todas con un estilo impecable. Nos habla aquí estas y otras escaladas que guarda en la memoria de este «paraíso vertical».

ERA finales de los años 90 y se oían muchas historias de terror sobre Montrebei, de escaladores como Antonio Picazo o Manolo "el Grande", con su legendaria frase: «Terradets es para los niños, Regina para los hombres y Montrebei para superhombres». Vías austeras, difíciles de seguir, con tramos de roca que el Teixi llamaba "los encofrados montrebeianos" por su precariedad. Todo esto infundía cierto respeto a la hora de ir a escalar a Montrebei… Pero, cuando vas por primera vez, te queda clara una cosa: que cuando pruebas, ¡engancha!

Hacia 2001 fue mi primera vez en Montrebei. Iba motivado con el artificial y fuimos con Laia Mestres a la vía *Somni Etern,* en la Paret de Catalunya, con la hamaca y comida para tres días en pared. Según la guía, había tres largos de mala roca y el resto buena, aunque pudimos comprobar que era exactamente al revés, tanto que creo que fue en el noveno o décimo largo donde posiblemente he tirado más piedras en mi vida. Cuando estábamos escalando el segundo largo, nos liamos y escalé una va-

riante en libre y, dos largos más arriba, estuvimos dudando sobre qué fisura escalar. Ahí nos dimos cuenta de que llevábamos la reseña equivocada y tuvimos que tirar de memoria. Por suerte, al terminar, vino a buscarnos Raimon, pues si no la bajada, sin conocerla, habría sido apoteósica.

Desde entonces fui volviendo a menudo a estas fantásticas paredes, donde encontraba largos de roca espectacular que compensaban con creces todos los horrores del Montsec.

Entre pantallas y televisores

Xavier Teixidó fue el primero en proponerme abrir una vía, hacia 2002. No dudé en acompañarlo. Como era habitual en él, mantenía en estricto secreto las líneas que tenía pensadas hasta casi llegar al pie de vía. Sus palabras fueron: «Tengo dos líneas para abrir, una de roca cutre, aventura y rápida de abrir, y otra de roca espectacular que nos dará bastante más trabajo». Empezamos por la de roca cutre. Accedimos desde el pueblo de Estall hacia la Pared de Aragón, y nos plantamos cerca de la vía *Radio Pica.* Ya

escalando el primer largo vi que eso prometía: los pitones caían con solo mirarlos. Excepto algún largo de buena roca, la mayoría era una sucesión de "televisores" y "pantallas de cine" en dificultades moderadas donde más valía no caer. ¡En un par de fines de semana nació *Llastritis!*

A finales de primavera fuimos a *Sopa de farigola* en Aragón, esta vez con Laia. Cruzamos el embalse con una barca hinchable y llevamos un colchón hinchable en el petate. En los primeros largos nos encontramos unas cuerdas fijas que amenazaban con una buena quemadura en la espalda en caso de saltar alguno de los precarios seguros de esos largos. Después de unos cuatro o cinco días de lidiar con la pared, llegamos a la cima… pero todo se complicó en la bajada. Al llegar al embalse, salí con el colchón inflable de la comodidad de las rocas para ir a buscar la barca. Con miedo a las aguas profundas del embalse que había en esa época, fui tan cerca de las rocas que el colchón petó en un suspiro, y el estrés me llevó hasta tierra firme, donde estaba la

ALBERRT SALVADÓ

Izquierda, Tato preparándose para recuperar fuerzas en una repisa junto a la R6 durante la apertura de *Despertaferro* (2009), en la Pared de Aragón. Abajo, Laia Mestres desmontando el L8 de la renombrada *Ksur-ul-aina*. Página izquierda, abriendo la *Llastritis* (2002) y Xavi Teixidó en la R12 de *Vàndals*, del mismo año y ambas en la Pared de Aragón.

jas gachas, ya que no parábamos de volar en el tercer largo. Pero la cabezonería pudo más que las regletitas. En un tramo común con *Sopa de Farigola* recuerdo sacar las falcas de madera que dejamos meses antes para poder empotrar los dedos; buenísima sensación de cambio de mentalidad. Entre las frías temperaturas de la mañana, por debajo de los 0 grados, un día de lluvia y algún que otro vuelo, celebramos el fin de año en la última reunión. Esta vía nos marcó un nuevo concepto nuevo para nosotros: escalando en libre con dos juegos de friends, cuatro pitones y la casa a cuestas. ¡Simplemente brutal!

Sin expansiones

Justo Albert acababa de abrir *Cor salvatge* con Manu Velasco y Eli Olivé. Una vía, como dice en su reseña, dura, larga, en libre, y encima sin expansiones. Albert quería volver para recuperar cuerdas fijas y unos espits que habían aparecido "por arte de magia" en los primeros largos. Así que, un fin de semana de la primavera de 2004, Albert, Eli, yo y un petate nos plantamos al pie de *Cor salvatge*. Siempre recordaré las palabras de Albert en el primer largo: "Tú coge 15 pitones, que el largo está a pelo", y

barca... que para mi sorpresa encontré empalada en la rama de un árbol, completamente inservible. Con lo que nos tocó cruzar el embalse ¡nadando! La cámara acabó en el fondo y, con prácticamente todas las fotos perdidas, volvimos al coche en ropa interior, con una barca pinchada al hombro y un par de remos.

Actos vandálicos

Volvimos con Xavi a la pared de Aragón, esta vez con petate y hamaca. Llegamos al pie de la canal de les Àligues con una mentalidad distinta a *Llastritis*. Cuatro pitones, un juego de friends y taladro en mano, empezamos a abrir largos donde domina la buena roca. Además de este ataque, nos hicieron falta unos cuantos más para abrir los casi 700 metros de *Vàndals,* surcando una de las mejores rocas

de todo Montrebei. Logramos forzar toda la vía en libre, excepto un pequeño tramo del penúltimo largo, que propuse como 7c/c+, aunque luego fue gente a probarla sugiriendo 8b/+, desvaneciendo mis opciones de encadenarla. El nombre vino por la cantidad de actos vandálicos que tuvimos que hacer para sortear la barrera de acceso a la cima de Aragón.

A finales de 2002, la intención era abrir algo por Ordesa, pero la mala meteo nos llevó a cambiar de objetivo y nos fuimos a repetir *Ksur-ul-Aina,* en la pared de Aragón. Con los días cortos del invierno y la envergadura de la vía, llevamos la hamaca. Después de una larga y pesada aproximación, con agua y comida para cinco días, solo nos dio tiempo a fijar un largo y dormir al pie de la pared. El segundo día estuvimos a punto de volver a casa con las ore-

Instantes montrebeianos congelados que conforman su historia: a la derecha, Tato abriendo el último largo de *Llastritis*. Abajo, en uno de los vivacs durante la repetición de *Ksur-ul-aina*; y a su lado, Xavi Teixidó llegando a la R12 de *Vàndals*. En la página derecha, arriba Albert Salvadó llegando a la encajonada R4 de *Homo Tapiens*; debajo, Xavi Teixidó abriendo el último largo de *Llastritis*; y a la derecha, Albert Salvadó llegando a R6 de *Despertaferro*.

mi cara de sorpresa al llegar a dos metros de la reunión y seguía con los 15 pitones aún colgando del arnés. Eso sí, el largo era buenísimo, como todos los siguientes. Una sucesión de placas y fisuras de roca excelente. En el penúltimo largo, el más duro y que Albert me cedió amablemente, él ya veía que algún pitón acabaría poniendo, pero conseguí salir con un par de ganchos sin usar el martillo. Muy contentos de cómo había quedado la vía y poder escalarla sin el uso del martillo. Como decía Josep Escofet: «Estáis abriendo las clásicas del futuro», y en eso se ha convertido esta preciosa vía.

Ya hacía un tiempo que Xavi Teixidó había abierto en solitario *Ull de la cara* en la Paret de Cataluya, y fui a repetirla en el mismo estilo. Fijé un par de largos y después del tirón para arriba y vicac en la cima. Una vía en la que se encuentra desde la peor a la mejor roca de Montrebei, combinando libre y artificial, como siempre la visión de Xavi no falla.

En una Semana Santa de meteo complicada, gracias a una buena predicción de Albert Salvadó y su aguda visión para explorar nuevas líneas, nos embarcamos en una vía al lado de la *Paul-Lalueza,* en la que prescindimos del espitador para no caer en la tentación de la expansión y

XAVI TEIXIDÓ

LAIA MESTRES

TATO ESQUIROL

exprimir al máximo las posibilidades de la roca. Así nació en un par de días *Spartans,* donde todos los largos, salvo dos, salieron en libre.

Con Miquel Blanco nos embarcamos en un proyecto suyo, al lado de *Nirvana,* donde tenía más de cuatro largos ya abiertos. Conseguimos forzar casi todo el tramo de A3. El resultado final, después de un vivac en pared, fue *Llibertat d'expressió,* donde cada uno se expresó como más le gustó en la apertura de su largo, quedando una vía recia y expuesta, combinando libre y artificial.

Un día de meteo regular de septiembre de 2006, con Albert Salvadó, cogimos un par de juegos de friends y varios pitones y fuimos a probar suerte en la Pared de Aragón. Después de muchas travesías buscando la buena roca, algunas que otras nubes amenazando tormenta, que por

ALBERT SALVADÓ

TATO ESQUIROL

TATO ESQUIROL

suerte quedó en pocas gotas, y con un exigente y difícil off-width en el último largo, abrimos *La gran travessia* en el día.

En la Paret de Catalunyaa destaca por su lógica desde el prado la línea de *Cassiopea*. En la guía no la pintan muy bien, pero una línea así no podría ser mala, así que allí fui con un par de juegos de friends, algún pitón, cuerda de 70 m y el Soloist. Los largos son buenísimos y de una longitud que da para empalmar muy a menudo con la cuerda de 70 m. Al final llegué al prado a las tres de la tarde pasadas, después de escalar casi todo en libre y, en mi opinión, una de las mejores vías de Cataluña.

Las mismas ganas...

Albert, con su ojo clínico, tenía una nueva línea controlada donde las condiciones eran sin expansiones y en libre. Empezaron Albert y Carlos abriendo tres largos

hasta que no pudieron pasar. Yo, en el primer intento, conseguí sacar los pasos por un desplome hasta un muro liso que ese día me tumbó en forma de vuelos, poniendo a prueba la precaria reunión. En el siguiente ataque, un tiempo después, conseguí pasar, después de sumar algún que otro vuelo más. A partir de aquí vino una sucesión de intentos sumando fuerzas entre Albert, Unai Mendía y yo. Entre lesiones y excusas, culminamos la vía doce años más tarde: así nació *Homo Tapiens* en la Paret de Catalunya.

No todas las vías han costado tanto. Esta vez, en Aragón, Albert quería bautizar una nueva como *La vía de tots,* abriéndola con mucha gente. En 2008, nos encontramos con Paca, que también había mirado la línea. Él quería seguir *Alopecia lunar* y llamar *Sol melenudo* a la parte de arriba, pero le pareció bien que fuésemos

nosotros. Ese año fue de sequía, y pudimos cruzar andando el embalse. Por la tarde, el nivel del agua subió y nos tocó apretar para cruzar de vuelta. Empezamos a dibujar los primeros largos, Albert cambió de idea y el nombre: nació *Despertaferro,* en honor al olvidado uso del pitón en Mont-Rebei. Tardamos algo más de un año en abrir sus 600 metros. Aunque no pudimos encadenarla, el fuerte Jesús Ibarz lo logró en libre. Anecdóticamente, 15 años más tarde volví a repetirla... ¡y esta vez la encadené! El paso de cordadas ha hecho posible escalarla sin pitones.

Y aquí seguimos, aunque disfrutando de la escalada de otra manera. Aún quedan muchas vías por repetir, algún proyecto por acabar, y las mismas ganas de disfrutar de este paraíso vertical.

Josep "Tato" ESQUIROL

Del artificial al libre
Despejando incógnitas

Durante unos años, Roger Cararach se dedicó a escalar prácticamente todas las vías del congosto, transformando muchos tramos de artificial en pasos libre, siempre respetando la ética de los aperturistas, sin añadir nuevos seguros. Atiende aquí a nuestra petición de contarnos sus mejores recuerdos y aprendizajes que le ha aportado Montrebei.

FOTOS: COL. ROGER CARARACH

En el año 2004, junto a Aniol G, visitamos por primera vez Montrebei. Con un juego de empotradores y tres valiosos friends que nos había dejado su padre, hicimos la vía Corbeau, de la que tengo un recuerdo muy especial. Ya desde esa primera visita, Montrebei me enamoró: la soledad del lugar, el carácter de sus itinerarios y, sobre todo, la magia de estar por la tarde en el prado, pensando en las vías hechas y en las que quedan por hacer, y con los nervios de si podremos hacer la vía del día siguiente. Y es que las buenas vías son las que te hacen dudar de si podrás pasar o no.

Cuando me pidieron que escribiera algo sobre mi visión de estas paredes, respondí rápidamente que sí, pero luego me quedé pensando: ¿por qué habré dicho que sí? ¿Qué quiero contar? Quiero contar que Montrebei, para mí, ha sido un terreno de juego de alpinismo en roca magnífico. Pocas zonas de escalada quedan

donde la palabra "semiequipado" significa eso de verdad: tendremos que montar reuniones y proteger la mayoría de pasos, mientras que algunos seguros fijos nos irán confirmando que seguimos el camino correcto.

En un primer momento, me dediqué a escalar las clásicas de la pared. ¡Ojo con las clásicas! Que un V+ semiequipado se te puede atragantar y hacerte sufrir más que muchas vías "modernas". Pero, poco a poco, al ir repitiendo vías con poca información y escasas repeticiones, nos dimos cuenta de algo que nos enganchó: ¡muchos de los artificiales salían en libre! Y lo mejor, para un escalador mediocre como yo, era que salían en libre moderado, no más de 7a en muchas ocasiones. De esta forma, convertimos nuestras constantes visitas al congosto en una búsqueda de hacer el máximo de movimientos en libre en vías de artificial asequible.

Además, otro objetivo de estas ascensiones era pasar con el menor número de clavos y, si era posible, abandonar algunos de ellos para poder escalar sin martillo. Dentro de estas escaladas, tengo un muy buen recuerdo de *Arrels de cel*, *Pesadilla de los dioses* y de *Estación orbital Mir*, y una mención aparte merece, a mi parecer, la mejor vía del congosto: *Indignats*.

A pesar de haber escalado cerca de un centenar de vías en estas paredes, no se me ocurren muchas anécdotas que contar. Recuerdo más anécdotas de los preparativos que de la escalada en sí. Como una tarde en Estall, donde un curioso cazador nos amenazó con dispararnos si no dejábamos de escalar allí; o una noche en la que tuvimos que perseguir a un zorro que nos había robado una zapatilla junto al saco de dormir; o las reparaciones mecánicas con los cutrecoches que usábamos para llegar al prado.

Pero la anécdota más presente fue en la vía *Un ull de la cara*, junto a Llullu y Xavi. Cuando estaba en el tercer largo de A3, tenía que cruzar un agujero en el que había un buitre desafiante, que protegía a una pequeña cría. En ese momento, cagado de miedo, les comuniqué a mis compañeros la situación y mis dudas de si el buitre me dejaría pasar. Entre dudas y conversaciones, hice un movimiento brusco que asustó al buitre. Se puso a volar y, de repente, bajó en picado hacia mí. Automáticamente, quité mi fifi del seguro, me colgué de la cuerda y empecé a gritar: "¡Bájame!". Por suerte, en la reunión estábamos protegidos por una

MONTREBEI VERTICAL
Todos los croquis de las vías realizadas, con actualizaciones de grado y/o recorrido para hacer la mayor parte posible en libre están recogidas en el blog de Montrebei Vertical:
http://mont-rebei.blogspot.com

gran higuera. Ahora teníamos el largo medio montado y yo me negué a volver a subir tras el susto. Por suerte, Llullu, menos temeroso, se atrevió a desmontar el largo y así pudimos bajarnos sin abandonar gran cosa. La anécdota no terminó ahí, ya que una vez en Àger tuvimos un curioso encuentro con un tejón, pero esa ya es otra historia...

Más allá de estas anécdotas, las escaladas siempre han transcurrido con "normalidad". La normalidad de estas paredes: tramos de roca mala, otros de roca más mala, y tramos de roca muy buena. Algún largo más duro de lo que parecía sobre el papel y alguno más fácil. También he disfrutado de días en los que todo fluye, y otros en los que subir 3 metros puede ser una odisea.

He compartido muchos momentos con grandes compañeros de cordada: Aniol, Xevi, Llullu, Ru, Adrià, Willow, Bru... y muchos otros que me dejo. Hay muchas vías en Montrebei, y mi recomendación es

A la izda, Roger en una reunión de la *Andreu Vedo* (A2), de la que escalaron en libre muchos tramos en 2015. Arriba, peculiar inicio de *La olla de Martín* desde la piragua; y debajo, en una repetición de *Vàndals* (400 m, 7b). Página izquierda, en la travesía de *Espero del oblit*; y en la *Vientos Peregrinos*, una línea de 1984 (A3), que en 2015 Rober y Bru transformaron en 7b+.

que os dejéis llevar por las líneas y escaléis las que más os llamen la atención. Todas las rutas tienen su "qué", y es injusto que por el gusto de unos, otras queden en el olvido. En su momento encontramos nuestra motivación en todas sus rutas y pudimos liberar muchos de sus largos. Quedan muchos artificiales por liberar y otras motivaciones en sus paredes. Montrebei sigue siendo un sitio con un aura especial, y seguro que cada uno encontrará la aventura que busca en sus rutas.

Roger CARARACH

Tras la selección de megaclásicas y de clásicas modernas de las páginas previas, proponemos aquí otro conjunto de vías especialmente dedicadas a los sibaritas montrrebeianos. Tienen en común su carácter, compromiso y una ética de apertura limpia, primando la escalada en libre. Eso sí: no son para todos los públicos.

ESCALADAS
DE LA
NUEVA
ERA

Roger Molina encabezando la apertura de *Sense Retorn* (340 m, 7c+), que realizó junto a Siebe Vanhee y Jorge Solórzano en abril de 2019, en la Paret de Catalunya.

POCOS lugares en la Península han dado pie a sueños y aventuras como estas paredes. Un escenario que podríamos definir con tres palabras: salvaje, aventura y belleza. Un congosto espectacular, de grandes dimensiones, con su carácter y sello propios. Es inevitable que cuente con una rica historia repleta de aventuras, personajes y anécdotas de todo tipo. Para este artículo hemos decidido poner el foco en unas determinadas escaladas que han dado origen a una tónica única. Vías que han marcado una tendencia entre escaladores y aperturistas de todas las generaciones, que hemos sido víctimas de la ingente cantidad de emociones que ofrece el lugar. Son escaladas en general que han marcado un antes y un después.

Las vías con este "sello montrebeiano" tienen unos estándares aparentemente simples sobre el papel, pero no tanto a la hora de plasmarlos en las aperturas. Son líneas abiertas en libre, desde abajo y siempre en busca de una belleza y lógica únicas. Vías que cuentan con este estilo propio del *congost*, ya sea por su dificultad (el grado obligado), su exigente lectura para seguir el itinerario ideado por los aperturistas o bien por su exposición. Este último factor se debe a que, en general, comparten un mínimo equipamiento fijo (expansiones y/o clavos), que llega a ser inexistente en alguna de ellas. Son rutas que requieren de esa habilidad que solo se consigue escalando en lugares como este, y también de mucha motivación. Escaladas que presentaron un auténtico reto no solo para sus aperturistas, también para quienes las han repetido, y que siguen siendo una fuente de sueños para tantos futuros aspirantes.

Al mismo tiempo, estas vías muestran el resultado de la evolución de la escalada, tanto en la preservación de los valores del lugar como en la mejora de los materiales. La evolución tecnológica ha hecho asequible una escalada más limpia, como ha ido ocurriendo con la aparición primero de los friends en los 80, los Tricam, los

COL. RUBÉN SANMARTÍN

COL. ROGER CARARACH

Alien, Camalot y posteriormente los Totem, con unas levas que se adaptan mejor al calcáreo irregular. Todos estos seguros flotantes fueron desterrando a los martillos y los clavos, haciendo posible el nacimiento de vías como las que recogemos en este artículo. También las repeticiones han llegado a modificar algunas vías, que han ido perdiendo sus clavos con las sucesivas ascensiones, o simplemente debido a las inclemencias del tiempo y la erosión de algunos puntos. Cabe señalar que esto mismo también ha derivado en el aumento del compromiso y la exposición en

algunas vías. Lo que antes podía parecer impensable, ahora es posible.

También es cierto que la misma evolución que ha facilitado la escalada sin seguros fijos, nos ha traído nuevas herramientas como los taladros, que han sustituido a los antiguos espitadores, facilitando enormemente la tarea de abrir. De hecho, los antiguos taladros de gasolina han sido sustituidos por taladros eléctricos muy ligeros (los hay que apenas pesan 2 kg, batería incluida), favoreciendo por tanto llevarlos a las paredes. Estos se han utilizado en bastantes aperturas del congosto, incluidas muchas de las recogidas en este artículo. Sin embargo, la solidez de la escalada limpia que ha dominado históricamente en Montrebei, ha hecho posible que esta "evolución" tecnológica no haya tenido tanto impacto como en otros lugares de la Península.

Estas vías selectas se presentan a continuación –combinando ambas paredes del congosto– en orden cronológico de su apertura, no estricto pues la apertura de algunas se demoró varios años, por lo que se solapan entre ellas.

Toxaires y Ksur-ul-aina, el legado de Alsina

«La acumulación férrea en las paredes no hace más que acentuar la inadaptación del ser humano al medio natural y actuar en detrimento del compromiso psicológico inherente a la escalada. Sin este compromiso mental, la actividad vertical se desvirtúa, pierde parte de su esencia», escribía Josep María Alsina en el ya célebre artículo *La edad del hierro* (revista *Vertex* nº 22, 1998). Escalador fuera de serie, que plasmó su arte en muchas vías de Montserrat, marcó el camino a seguir también en Montrebei, primero con la vía *Toxaires*, abierta con Toni Cugat en 1992 –por el magnífico pilar a la derecha de la CADE de la Pared de Aragón– y acabó de rubricarlo con la *Ksur-ul-Aina*, paralela a la anterior, que abrió con otro maestro de la roca como es Enric Camacho 'Endika', en 1995. Especialmente esta última, calificada como "monumento a la dificultad" marcó un hito por su dureza y continuidad, añadido a su escasez de expansiones y por tanto su compromiso. Incluso hoy en día, aunque ya cuenta con bastantes repeticiones, no ha perdido su aura de mito. Con algo de equipamiento fijo (espits y clavos), cada uno de sus diez largos suponen un reto para cualquier escalador asiduo a estos quehaceres. La reseña original plasma unos grados indicados por los aperturistas muy apretados, que en algunos casos han sido propuestos todo un grado más por sus repetidores. Unos años después de esta obra maestra, Alsina perdió la vida en un accidente de trabajos verticales (1999). Afortunadamente, su legado es eterno.

En 2008, los jóvenes Gerber y Willow consiguieron escalar íntegramente en libre y sin pitones *Totxaires*, forzando el Ae en 7c. Por su parte, la repetición en libre de *Ksur-ul-Aina* sin usar clavos ni martillo no llegó hasta 2017, a manos de Marc Toralles, Nil Alcubillas y Bernat Vilarrasa. Una vía para ya licenciados en el *congost*, de 440 metros de recorrido, 7c de grado máximo y 7a+ obligado.

Xavi Sabater en busca del camino de *Toxaires*. Página izquierda, Rubén Sanmartín en el L8 (7a) de *Ksur-ul-aina*; y debajo, Roger Cararach en esta misma vía, la más emblemática de la Pared de Aragón.

DIANA CALABUIG

El prolífico Albert Salvadó durante la creación de *Homo Tapiens* y sus "340 metros de placer", como reza la reseña, con 7b de grado máximo (7a obligado), en la Paret de Catalunya. Pág. derecha, en ambas fotos, dos momentos de la apertura de *Radical Lliure* (360 m, 7a+), en 2008 en la misma pared.

FOTOS: COL. JORDI PIJOAN

Cor Salvatge

No vamos a entrar en detalle en esta escalada de la Paret de Catalunya, pues ya está incluida en el artículo de «Vías clásicas-modernas» de este mismo número (pág. 42). Obra de Albert Salvadó 'Ganxets', Manu Velázquez y Eli Olivé en 2003, se trata de una de las joyas del lugar más repetidas, dada su dificultad más asequible, no por ello menos bonita. Pero no podíamos dejar de mencionar aquí esta apertura realizada íntegramente sin expansiones y mayoritariamente en libre, en total sintonía por tanto con el espíritu montrebeiano que se recoge en este artículo.

Radical Lliure, un símbolo

Esta línea, abierta por Paco Rey y Jordi Pijoan 'Piju' en el otoño de 2008, es el claro ejemplo de que el tiempo lo pone todo en su lugar. En 1993 por este mismo paño de pared se equipó la vía *Escanyapobres*, pese a ser una gran escalada, desvirtuaba a base de parabolts las cercanas *Raíces del cielo* y *Diedro Audoubert* y, por ende, sus aperturistas cometieron el "pecado" de descolgarse desde arriba para equiparla. Los locales no estaban dispuestos a admitir esto, así que la vía no tardó en ser desequipada, quedando como eficaz advertencia para futuras generaciones de aperturistas.

Quince años después, y con el consenso de uno de los equipadores, Paco Rey y Piju, dos escaladores habituales de la zona,

reabrieron el itinerario de una forma más acorde con el lugar. Los "reaperturistas" siguieron la lógica de la pared e intentaron evitar al máximo pasar por encima de las vías ya existentes, para así dar lugar a una vía independiente. Con el desequipamiento realizado anteriormente, aún quedaban los espárragos de las expansiones a la vista, por lo que Paco y Piju decidieron irlos rompiendo con el martillo, intentando dejar el mínimo rastro posible, aunque sí que aprovecharon tres de ellos (uno en el L4 y los otros dos en las reuniones R4 y R5), dejándolos con unas chapas recuperables, para los repetidores. Desistieron de sacar algunos parabolts que les quedaban fuera del alcance de la nueva línea, que ahí quedaron, como testimonio de los valores de la escalada en el congosto y en otras paredes similares, mostrando que siempre hay posibilidades para un estilo más limpio. Y si no se puede ahora, las futuras generaciones lo harán posible.

Homo Tapiens, una escalada madurada en 12 años

Estamos ante una de las grandes vías del congosto, de esas que recordarás para siempre tanto por su línea como por su estética, movimientos y los valores con los que fue abierta. La historia empezó en 2006 con Albert Salvadó y Carlos Kletterer comenzando la apertura por la Pared de Aragón con una filosofía muy clara: no lle-

varían el espitador ni el taladro ni siquiera "por si acaso". Abrieron progresando con autoprotección hasta una zona en la que la alternativa que veían no era viable en ese momento para ellos, ni se alineaba con la concepción que deseaban para su vía. Así pues, decidieron abandonar por el momento y volver tiempo después, más fuertes y motivados. La siguiente vez lo hicieron con Josep Mª 'Tato' Esquirol, y algo

COL. SIDARTA GALLEGO

Arriba, Sidarta Gallego escala *Assejats* y, abajo, Albert Salvadó abriendo el L9 (7b+) de *Despertaferro* (en la otra página, abajo, croquis artístico de esta vía). A la derecha, Christian Ravier ideando el recorrido de su *Al Horreya!* que abrió con Martín Elías, en 2011 en la Paret de Catalunya.

TATO ESQUIROL

progresaron, pero de nuevo la pared se impuso y, fieles a sus principios, volvieron a bajarse hasta un nuevo ataque. En los siguientes intentos, Albert volvió con Tato y con Unai Mendía, «la combinación ganadora», como escribe Albert en su blog (Ganxets). Esta vez consiguieron acabar la vía, si bien por un lugar que no les acabó de agradar, ni por la línea que se dibujaba en la pared, ni por la calidad de la roca, que les obligó a recurrir al artificial para salir. Doce más tarde, en 2017, aquella inquietud les hizo volver y rematar la vía, esta vez por un lugar que sí les permitió exprimirse en libre y les dejó satisfechos. Cabe mencionar que, para acabarla, la cordada accedió por arriba para terminar los últimos largos, buscando de esta forma ser más eficientes en cuanto al tiempo invertido. De esta forma, en noviembre de 2017 quedó terminada *Homo Tapiens*, sin ningún seguro de expansión (sí tiene algunos clavos), dejando una referencia en cuanto a la escalada de compromiso y dificultad, con 340 metros y un grado de 7b (7a obl). En la reseña original Albert intentó no dar excesiva información de la escalada, de forma que aquellos que quisieran aventura más auténtica, no se vieran privados de ella.

El eco del Despertaferro

Como plasma el dibujo-croquis realizado por Eli, el nombre de esta vía viene de los almogáraves, que eran los guerreros mercenarios de los terrenos fronterizos de la Corona de Aragón (s. XIII) y "despertaferro" era el grito de guerra que entonaban mientras golpeaban sus espadas contra el suelo, haciendo saltar chispas contra las piedras, antes de entrar en batalla. Esos ruidos hacían eco en las paredes del Pirineo, amplificándose y haciendo creer al enemigo que se acercaban muchos más guerreros de los que había en realidad. De la similitud de aquellos ruidos con el que hacían los clavos al golpearlos durante la apertura de esta vía, resonando en el congosto, vino la inspiración para su nombre, tal y como cuenta Albert Salvadó.

Tanto Albert 'Ganxets' como Tato Esquirol ya habían abierto varias líneas antes de acometer esta nueva aventura en 2008, en la Pared de Aragón. Pero esta vez su concepción era distinta: querían plasmar una vía difícil, con compromiso y que obligase a pitonar mientras se escalaba en libre o, al menos, esa era la idea. Es decir, que aquellos o aquellas bienaventurados que deciden repetirla, más que una experiencia de escalar una vía moderna más del *congost*, experimenten con más o menos esfuerzo una escalada atemporal, con el sello de autenticidad de la cordada y de Montrebei. De nuevo en palabras de Albert, esta línea fue abierta, imaginada y escalada desde la pura obsesión por el lugar, la línea y la forma de abrirla. Dejaron algún clavo y algún parabolt en la vía. Y de nuevo la evolución de la escalada permitió que tiempo después otras cordadas más jóvenes hayan podido repetir la vía usando únicamente material flotante, ya liberados de martillo y clavos. Grado máximo 7b+ y obligado 7a/A1, muy mantenido en sus catorce largos.

Al Horreya!

Fue el riojano Marín Elías quien visualizó esta línea cuando escalaba una vía vecina (*Pare tinc Fred*), en la Paret de Catalunya. Su amigo del otro lado del Pirineo, pero también asiduo a estas paredes, Christian Ravier, no dudó en sumarse a la idea. En febrero de 2011, esta fructífera cordada, autodenominada "pandereta eléctrica", dio vida a esta nueva escalada de dificultad, plasmando su sello propio en sus 150 m de recorrido (7b+ máximo, 7a obligado). Combina largos de placa con tramos de fisura en los que hay que esforzarse para pasar, acorde con el estilo tanto de sus autores como del lugar. Pocas semanas después de la apertura, recibió su primera repetición, a cargo de Vicenç Ruiz y Albert Salvadó, quienes confirmaron su calidad, como registra Albert en su blog: «La ruta, definitivamente soberbia, nos exigió todo el día; siete horas para escalar cuatro largos». Otros repetidores han constatado que no hay que fiarse demasiado de la reseña, pues es probable que la escalada requiera más tiempo del esperado. Una vía que recuerda a Taghia no solo por el nombre (*Al Horre-*

MARTÍN ELÍAS

ELI AZURMENDI

ya! significa "libertad" en árabe), también por sus placas con gota de agua.

Empotramientos en Assetjats

Al igual que otras recogidas en esta zona de la Paret de Catalunya, esta es otra joya más de las "pequeñas-grandes" vías de Montrebei. Abierta por Quim Santacatalina y David Graells en febrero de 2011, presenta un trazado lógico y bonito, pero a su vez difícil. Desde el primer largo requiere escalar con decisión y determinación, ya que, si se deja entrar a la duda, probablemente no se avanza. Lo más destacado de la vía, y lo que atrajo desde el primer momento a sus aperturistas, es la fisura que surca gran parte del recorrido, y especialmente la fisura desplomada del tercer largo. Presenta un tipo de escalada poco habitual en la zona, que exige buenos conocimientos de las técnicas de empotramiento. Una vía distinta, corta, pero con carácter. Los aperturistas dejaron muchos de sus repetidores, es una de las mejores vías del lugar, con una dificultad obligada bastante mantenida (340 m, 7b+ máximo, 7a obligado).

La apertura transcurrió durante varios ataques, utilizando cuerdas fijas, como muchos de los grandes itinerarios de estas paredes. Lo que ocurrió fue que, en uno de los últimos ataques, ya con olor a cima, la cordada se quedó tan solo a unos metros de salir por arriba. Al poco, Llullu, con el afán de terminar el trabajo, jumareó los casi quinientos metros abiertos para acabar de limpiar algunos tramos y recoger todas las cuerdas fijas, de forma que así pudieran volver al día siguiente con sus amigos y escalar toda la vía del tirón. Una vez llegó al final de las cuerdas fijas, decidió abrir el último largo que quedaba en solitario. Aunque no es la primera vía que se abre en solitario en Montrebei, son muy pocos los largos abiertos en este estilo y de esta dificultad en libre. El último largo es, de hecho, uno de los más duros de la vía. Cualquiera que pase por allí y se imagine abriéndolo en solitario, sin duda valorará la talla de uno de los escaladores referentes del *congost*. Poco tiempo después, Guille Cuadrado encadenó por primera vez a vista toda la vía.

Donec Perficiam ¡hasta el triunfo!

Aunque por separado sí conocían bien el congosto, Isaac Cortés y Carles Brascó ni siquiera habían escalado juntos en Montrebei cuando se plantearon esta apertura. Tras encontrar el hueco en la Pared de Aragón y asegurarse que no pasaba ninguna vía cerca, comenzaron el proceso en el año 2012. «El estilo que queríamos lo teníamos claro», explica Isaac, «evidentemente

solo alguna expansión y varios clavos, pues es agradecida para la autoprotección, con un recorrido de 200 metros y una dificultad de hasta 7b+ en su largo más duro (6c obligado).

Idignats, en cordada y en solitario

A la derecha del *Diedro Audoubert*, en la Paret de Catalunya, se abre paso una de las líneas estrella en todo su conjunto del *congost*. Fue trazada con maestría por la mano de Willow, Llullu y Joseba en la primavera de 2011, sin utilizar taladro durante su apertura, solo con material flotante y clavos, y por tanto limpia de expansiones. En general, sigue una atrevida línea que, con lógica, va en busca de algunos diedros, fisuras y travesías excepcionales, unidas por placas compactas. Según

El compacto muro de la Pared de Aragón por donde transcurre *Donec Perficiam*, abierta por Carles Brascó e Isaac Cortés, que tanto Pol Palau (en esta foto) como Edu Marín (a la izquierda, arriba) buscan escalar en libre y en el día (con grados de hasta 8b+). Página izquierda, abajo, Willow en la R4 de *Indignats* durante su apertura, y escalando la travesía del L6 (7a+) de esta dura y mantenida vía.

CÉSAR GARCÍA

COL. ROGER CARARACH

desde abajo, como todas las de Montrebei, pero sobre todo queríamos que fuera en libre. No queríamos hacer uso del artificial. La idea era explorar nuestro límite y capacidades escalando en libre con equipo flotante, y con parabolts cuando hiciera falta, pero sin recurrir al artificial para progresar». En líneas generales, escalaban en libre hasta que no podían más y se tenían que colgar de algo (de un empotra, de un gancho...) «y aquí normalmente poníamos un parabolt». La clave está en la honestidad: «En la reseña pusimos que es interesante llevar algún gancho, porque si yo lo

he usado en la apertura, pues veo lógico que quien vaya a repetirla también lo lleve, que no esté en desventaja». El trabajo se fue dilatando en el tiempo, pues viven distanciados e iban cuando podían, que no solía ser más de una o dos veces al año: «Quedábamos sobre todo para compartir, para vernos, y de ahí bienvenido lo que nos saliera, igual solo era uno o dos largos cada viaje, pero así lo disfrutábamos».

Por fin en 2018, seis años después de haber empezado, remataron la línea. «Creo que quedó bonita, en su estilo. Hay alguna chapa alejada pero no diría que es una escalada expuesta», explica Isaac. Aunque pudieron escalar gran parte en libre, dejaron varias incógnitas pendientes: «No hemos vuelto a probarla, aunque sí lo tenemos en mente».

Es posible que la primera en libre de esta vía está muy cerca, puesto que lleva unos meses siendo el proyecto de los fuertes escaladores Edu Marín y Pol Palau. De hecho Edu nos cuenta que empezó a probarla en 2021, si bien después se dedicó a otros proyectos —como escalar en libre la *Eternal Flame* o abrir su rocódromo Fanatic en Lleida— y la ha retomado este año. Confiesa que le atrajo porque «es el *mutlipitch* más duro de Montrebei, ya que tiene varios largos difíciles con una graduación muy *old school*: 7a, 8a+, 7a+, 8b+, 7b+, 8a+, 7c+/8a, 8a». Su propó-

sito es encadenarlos del tirón en el día, añadiendo a su dureza la complicada logística de acceso a esta franja de la pared, que requiere de un kayak para llegar. Para Edu Montrebei es un lugar especial, del que destaca «el ambiente, la naturaleza, la ética del lugar, su historia y que lo tengo a 1:30 h de casa».

Trilogía vikingos

Incluimos en esta selección tres vías de la Paret de Catalunya con nombre propio: *Perifèrica Oest* (160 m, 7c), *Crosta d'Ivori* (125 m, 7c+) y *Mentre Hi Hagi Llum* (120 m, 8b+), cortas pero con carácter. Las tres tienen en común a uno de sus aperturistas: Gil Furriols, que las completó con distintos compañeros. Él mismo nos lo cuenta: «Un día lluvioso del invierno de 2006 aprovechamos para empezar a abrir la *Perifèrica Oest* y enseguida quedamos cautivados por la calidad de la roca y la agresividad de las líneas que, a pesar de tener pocos largos, eran de una calidad excepcional. Con Toti Solé y Genís Vallmitjana terminamos la tarea en dos jornadas, dejando una vía muy completa. A destacar el segundo largo obligado, estético y aéreo.

Después en 2010, con Marc Vilaplana, trazamos la *Crosta d'Ivori* a la izquierda de la anterior. Esta es una vía de placa que atraviesa unos muros de calcáreo blanquecino y poroso; una delicia para los

Nil Alcubilla (en esta página) y Bernat Canyameres (a la izquierda), durante la tercera repetición de *Mentri Hi Hagi Llum*, explosiva vía de la Paret de Catalunya. Página izquierda, abajo, Roger Cararach durante una repetición de *Perifèrica Oest*.

CESAR GARCÍA

COL. ROGER CARARACH

Arriba, Albert Egea 'Willow' durante la apertura de *Endavant les Atxes,* y debajo, Roger Cararach en el offwidth del primer largo de *Homo Montrebeianus* (7a+); dos de las aperturas de 2016 en la Paret de Catalunya. A la derecha, el belga Sebe Vanhee en *Sense Retorn,* uno de los últimos añadidos de esta pared (en 2019), que cuenta con un total de 11 chapas en sus 9 largos (400 m).

COL. ROGER CARARACH

amantes de las placas, una ruta de corte deportivo con algún pasaje a proteger.

Y, por último, en la primavera de 2015, en dos ataques con Ignasi Miralpeix, abrimos la línea que queda entre las dos anteriores, yendo a buscar una plancha desplomada muy evidente, la cual nos regalará uno de los largos más difíciles de las tres vías. El nombre que le pusimos *Mentre Hi Hagi Llum* (Mientras haya luz), hace referencia al libro del osonense Edu Sallent [Ed. Desnivel, 2014, que habla sobre una tragedia en el Nanga Parbat, donde perdió a un amigo] y en parte quiere ser un recuerdo de los escaladores que ya no están con nosotros. Las tres vías se abrieron con el mismo estilo, intentando poner el mínimo de expansiones y buscando el camino más evidente y vertical».

Escalaron todas en libre excepto un tramo del segundo largo de la vía *Mentre Hi Hagi Llum,* esa plancha desplomada, que finalmente fue liberada en febrero de 2018 por el austriaco Michael Kemeter, quien dedicó cuatro días a resolver todos los movimientos. Propuso un grado de 8b/+, asentado en el 8b+ tras las siguientes repe-

ticiones (Xavi Sabaté en 2023, Bernat Canyameres y Nil Alcubilla en febrero de 2025), dejando con ello la vía de más grado del congosto, al menos de momento.

Endavant les Atxes

Con esta expresión catalana que expresa la voluntad de seguir adelante a pesar de las dificultades (literalmente traducida como "Adelante las hachas"), bautizaron sus aperturistas la nueva vía de 430 metros de la Paret de Catalunya, que surcaron apurando los huecos para la escalada libre entre las vías *Marquises* y *Cassiopea.* La línea tuvo una primera tentativa de apertura por parte de Santi P y Ramón M con expansiones, tras la que siguió el asedio de Roger Cararach, que fue cuatro veces con distintos compañeros: dos con Llullu, una con Xevi y una con Alberto, reabriendo los largos y quitando todas las epansiones. Finalmente culminó la línea con Willow el 28 y 29 de enero de 2016, sin dejar ninguna expansión. Es uno de los itinerarios de este estilo menos frecuentado, probablemente producto de su compromiso y de su dificultad. Utilizaron una veintena de clavos y material flotante, dejando claramente indicado en la reseña que no es necesario llevar martillo para su repetición.

La vía surca un mar de placas fisuradas compactas y no tan compactas en algunos tramos, donde solo nos hará falta un buen par de juegos de friends. Prácticamente fue abierta toda en libre, exceptuando un tramo del L7 y el L8, si bien ambos se han probado y han salido en libre difícil, hasta 7b+ y 7c+ respectivamente, manteniendo así una tónica mantenida en el séptimo grado durante su recorrido.

Homo Montrebeianus

Tal y como indica su nombre, hay que ser un ser evolucionado o estar muy adaptado a este tipo de vías y lugar para abrir o escalar una vía así. Es otra de las "pequeñas-grandes" aventuras protagonizada por tres escaladores habituales del lugar: Roger Cararach, Adrià Chueca y Llullu. En junio de 2016 trazaron en la Pared de Catalunya este itinerario de 175 m y 7a+ de grado máximo que, más que por su línea, dificultado o recorrido, será nuestra adaptación al medio lo que nos dejará disfrutar más o menos de esta escalada. Para su repetición nos hará falta un buen arsenal de friends de todos los números, hasta el nº5 de Camalot, un tamaño poco habitual en estas paredes. En su recorrido encontraremos offwidth que, al estrecharse, se convertirán en diedros y fisuras de distintos tamaños. Sin duda, una pena para algunos y algunas no tener muchos más metros de escalada como estos en esta pared.

Una ética Sense Retorn

La vía *Sense Retorn* (Sin retorno) de la Paret de Catalunya, abierta en abril de 2019 por el belga Siebe Vanhee con Roger Molina y Jorge Solórzano, es una de las más recientes que plasma claramente el carácter del lugar. Durante el proceso de apertura, como ocurre en muchas ocasiones, surgieron diferencias y dudas sobre la manera de abordarla. La cordada decidió apostar por una apertura con el mínimo de expansiones posibles, instalando solo aquellas que fueran esenciales para su seguridad y la de los futuros repetidores. Aún así hay largos expuestos, difíciles de proteger, sin ninguna protección fija. Unos días después de la apertura, Siebe Vanhee y Miquel Mas volvieron para liberar y encadenar toda la vía, quedando como una de las escaladas de dificultad del momento (340 m, 7c+). El nombre es un homenaje al desaparecido Hansjörg Auer, amigo y compañero de escaladas de Siebe, haciendo a la vez referencia *No turning back*, título de la última película del escalador austriaco.

Sobre esta experiencia, Siebe nos cuenta: «Recuerdo perfectamente las ganas que tenía de abrir una vía desde abajo en Montrebei. Me gusta mucho la ética del estilo limpio y la historia del lugar, y quería vivir una aventura de ese tipo. Como soy escalador en libre, quería escalar en libre desde abajo lo máximo posible, metiendo clavos y cacharros sobre la marcha. Aun así, nos vimos obligados a meter algún parabolt de vez en cuando por la roca pésima o los muros totalmente lisos. Pero creo que, para ser una vía en libre en Montrebei, *Sense Retorn* respeta bastante bien la ética: es una mezcla perfecta entre escalada en libre comprometida y con ambiente sobre

FOTOS: DAVID LÓPEZ "CAMPE"

seguros flotantes y algún parabolt puntual para que no sea un suicidio.

Un recuerdo muy vivo que tengo es del primer largo. Estaba muy roto en la primera mitad y los seguros eran casi todos clavos metidos a medias en roca bastante mala; fue una de las aperturas más intensas que he hecho. Luego, los largos 8 y 9 son casi todo autoprotección, y aunque al principio parecen imposibles, la roca va dando emplazamientos preciosos para meter seguros. ¡Estás altísimo sobre el fondo del valle y la exposición es increíble! El L9 parece una placa lisa y vertical, pero cuando te metes, vas encontrando emplazamientos pequeños mientras haces movimientos técnicos. *Sense Retorn* es una de las mejores vías de varios largos que he abierto.

Fue una experiencia increíble abrirla junto a Roger, de Cataluña, y Jorge, de Madrid. Tuvimos charlas buenísimas sobre ética, asumir riesgos y el sentido de abrir una línea así en un sitio con tanta historia».

Una vía que se podría decir que cumple con los valores que han ido evolucionando a lo largo de los años en este lugar, con la que ponemos el broche a esta breve recopilación de vías de "nueva era" que, como todas las selecciones, no deja de ser subjetiva. Sin duda podría ser ampliada con otras grandes escaladas, como algunas de las más recientes, de las que hablamos en el artículo de las siguientes páginas.

César GARCÍA / Redacción Desnivel

Los buscalíneas del Congost

Aunque los espacios en blanco en estas paredes cada vez son más escasos, los ojos expertos y ávidos de aperturas siguen siendo capaces de encontrar nuevas rutas en el calcáreo montrebeiano. Recopilamos algunas de las más relevantes de las realizadas en los últimos ocho años.

P ARA esta recopilación de nuevas ascensiones hemos dado prioridad a las vías que no aparecen recogidas en la guía de referencia de la zona, *Montrebei* (Luis Alfonso, 2016). Por tanto, también habría que incluir dos de las rutas que aparecen en el artículo de «Vías de nueva era» (pags. 58 a 71) como son *Donec Perficiam* (finalizada en 2018) y *Sense Retorn* (2019). Todas las aperturas han sido realizadas desde abajo y en general están semiequipadas, con más o menos expansiones en función del criterio de sus aperturistas. Las vías están agrupadas por paredes y sectores, y ordenadas cronológicamente, si bien algunas se han realizado en varias etapas, especialmente aquellas que les pilló por medio los años de la pandemia del Covid. La recopilación no es exhausti-

va, ha habido otras aperturas que no hemos podido disponer de la información a tiempo. Al final del artículo encontraréis un enlace para poder consultar y descargar los croquis de las vías reseñadas.

Paret de Catalunya

Tot B
Varias de las nuevas aperturas se han realizado en la zona superior de la Paret de Catalunya, con una aproximación relativamente corta desde el Prat de Sant Llorenç. Aquí, un día de otoño de aquel pandémico año 2020, con Montrebei inusualmente vacío y silencioso, Albert Salvadó y Ester Sabadell crearon *Tot B*, como escribe Albert en su blog (Ganxets): «De sexto o de séptimo, pero siempre B» (*bé* es "bien" en catalán). Vía de 200 m que presenta sus principales dificultades en los L2 y L5, con un grado de 7b (6c+ obligado), equipado con algunas chapas, aunque "exquisitas".

La vía del Doc
También en 2020, Pau Herrero, Luis Manzaneda y Roger Nadal abrieron la *Vía del Doc*, que transcurre por la izquierda de la pared, entre las vías *La Estaca* y *Estación Orbital Mir*. Tiene un recorrido de 325 m y un grado máximo de 7a+. Sobre la inspi-

El habitual mar de nubes que regala el congosto, con Santi Gracia durante la apertura de *Sin Ganxets*, que realizó en 2018 junto a Vicenç Ruiz y Bea Baselga, por la zona de la *Pilastra dels Voltors*, Pared de Aragón.

que había imaginado, como la fisura montrebeiana del L4, el flanqueo del L5 o la aérea travesía entre techos del L7.

Quedaba liberar los largos duros y modificar el noveno largo, pero la maldita pandemia se interpuso entre mi obsesión y la realidad. Pasados diez meses y otro vivac, esta vez más templado, pude descansar y dar a mi tío el homenaje que para él deseaba».

Persépolis

Obra de Luis Alfonso y Santi Gracia en mazo de 2020 que, según describe Luichy: «La línea ideal comienza en *Els Fils de Solius* y se decanta rápidamente hacia la derecha por una placa con alguna fisurita (por donde posteriormente abrieron la *Furtadora d'ànimes*), pero más arriba se veía un canalobrio más sucio y fácil. Así que elegimos el plan B, aprovechar un largo abierto anteriormente, todo en placa y equipado con chapas… y cierta alegría, todo hay que decirlo». Tras dos jornadas de trabajo, dejaron una línea de 180 m y grado 7a (6b obl), muy variada y que, como escriben en la reseña: «Para lo corta que es, disfrutaremos de un ambiente muy vertical».

Furtadora d'ànimes

Al año siguiente, en la Pascua de 2021, la sólida cordada de Pau Herrero y Estel Parés fue a por esa línea ideal a la que se refería Luis Alfonso en la Paret de Catalunya. *Furtadora d'ànimes* tiene 165 metros y un grado máximo de 7a, y sobre ella Estel nos cuenta: «Recorre un bonito pilar de abajo hasta arriba por diedros y fisuras típicamente montrebeianos, exceptuando el tercer largo, que atraviesa una bonita placa de roca naranja afilada. Se trata, pues, de una vía de aventura en la cual se encuentran pocos seguros fijos pero que se presta a la autoprotección y, por eso, se recomiendan dos juegos completos de friends hasta el número 4». Sobre el nombre de la vía (tra-

ración de esta apertura, Pau nos cuenta: «Ricard Herrero, alias Doc, fue un escalador de la denominada *New Wave* catalana, muy activo en los 80, quien falleció en 2014 de enfermedad. Entusiasta de Montrebei, participó en la apertura de la vía *Jim Beam*; que fue una ascensión no exenta de anécdotas y contratiempos, culminada con la caída y ruptura de astrágalo de mi tío a 100 metros de cima. Consiguieron salir por arriba y evacuarlo en helicóptero al día siguiente desde la "cumbre" hasta Fonda Isidro, donde esperó a sus sorprendidos compañeros.

Cuando, años más tarde, repitiendo *E. O. Mir* descubrí una evidente línea, no te-

nía ninguna duda que se la dedicaría. Analicé todas las posibilidades, repetí la vecina *Delfos*, revisé fotos… Me obsesioné con la vía. Tenía que ir a abrirla antes que se me adelantaran.

Animé a Roger Nadal, fuerte compañero del curro, con quien en dos cortas jornadas abrimos tres tiradas y media, incluyendo la dura placa de L2. Desafortunadamente, una inoportuna lesión lo dejó fuera de combate. Entró en juego Luis Manzaneda, otro fuerte animal de la vertical, quien no dudó en salir a sufrir dos fríos y tapados días de diciembre, con vivac de hamaca y todo el pack para salir por arriba. Conseguimos abrir largos increíbles ducido como "Ladrona de almas"), Estel explica: «La *furtadora d'ànimes* es una denominación a la altura de muchos de los nombres tenebrosos que conviven entre las paredes del congosto y que nace a raíz de escuchar una y otra vez la canción originaria de *Sangtraït*. Por este motivo, los largos se acompañan de inscripciones en la reseña que corresponden a fragmentos de la su letra». Y añade: «Cabe destacar que, durante la apertura del segundo largo, me destrocé un dedo de forma muy absurda en el intento de sacar de forma bruta un fisurero que no se había empotrado a mi gusto, aunque esto no fue impedimento para seguir y volver al día siguiente con el dedo aparatosamente vendado. Casualmente, desde el prado observaba nuestros movimientos nuestro amigo Santi que, al encontrarnos, nos reconoció que le habíamos *furtat* una línea que tenía ya mirada».

Cops Amagats

Seguimos en la zona derecha de la Paret de Catalunya, esta vez con una apertura de Robert Diaz y Joan Samsó en varios ataques durante 2020 y 2021, a la que bautizaron *Cops Amagats* ("Golpes escondidos"). Tiene un recorrido de 280 metros y grado máximo de 6c (6b obl), con un trazado muy logrado y buena roca en casi todos los largos, excepto el tercero. Empieza a la izquierda de *Cuentos del viento* y, al igual que todas las de este sector, recibe sombra durante toda la mañana.

Ninoterapia

Esta línea se dibujó en la primavera de 2021, a cargo de Santi Gracia, Albert Salvadó, Ester Sabadell y Ferrán Saló. Descrita por Albert como una «vía donde gozar del movimiento, nunca extremo, con frecuencia exigente, pero raramente expuesto. Con una roca de escándalo, relativamente limpia de equipamiento». Y Santi añade: «*Ninoterapia* se ha convertido en una de las vías más repetidas del Prat: elegante trazado y uso de expansiones únicamente en las reuniones. Una pequeña joya en la que un importante vuelo abriendo el último largo nos

Arriba, Roger Nadal en la *Vía del Doc*, y abajo a la izquierda, Pau Herrero y Luis Manzaneda durante la apertura de esta vía que Pau dedicó a su tío Ricard Herrero 'Doc'. Abajo, Estel muestra su dedo machacado abriendo *Furtadora d'ànimes*. Izquierda, A. Salvadó en *Tot B*.

FOTOS: PAU HERRERO

Santi Gracia, Albert Salvadó y Ferrán Saló celebran su *Ninoterapia* (que abrieron con Ester Sabadell), y abajo, Albert en acción en esta vía. A la derecha, Ferrán y Claudio en la R7 de *Força G,* durante su apertura; y debajo, Ester y Albert en la primera repetición de esta vía. Página derecha, Bea escala *Pollito Pío;* y debajo, de nuevo *Força G,* con Ferrán abriendo el L4 (6c+).

dejó sin aliento durante unos instantes». Ubicada en la zona alta de la Paret de Catalunya, con inicio a la izquierda de la vía *Transit Venus,* tiene un recorrido de 200 m y 6c+ de grado máximo (6b+ obl).

Pollito Pío

Igualmente en la zona superior de la Paret de Catalunya se ubica esta vía que Albert Salvadó y Ester Sabadell comenzaron a abrir en el otoño de 2020 y culminaron en una jornada nublada de septiembre de 2021. *Pollito Pío* tiene 200 metros y un grado máximo de 7a (obligado 6c). El mismo Albert explica que es una «vía muy variada, con grado homogéneo y obligado en torno al 6c, con un par de secciones concentradas. Buena roca a excepción de los 10 primeros metros de "encofrados montrebeianos", bastante saneados. Una mención especial para el L3 por su singularidad: todo panzas tipo Riglos, algo único en el Congosto, difícil para acertar a vista».

Involució

A lo largo de 2021 se creó esta línea, fruto del esfuerzo conjunto de Quim Santacatalina, Salvador Figueras, David Graells y Jordi Vigatà. Tiene un recorrido de 350 metros y un grado máximo de 7a (6b+ obligado). En realidad, tal y como nos cuenta Quim, no es una línea con entidad propia en todo su recorrido, sino que comienza por el *Diedro Audoubert,* después sigue tres largos de la *Nazgul,* uno de *Días de la Ira* y por fin sale por los cinco largos nuevos de esta apertura, en la que priorizaron la escalada libre. El prolífico Quim, que contaba con varias primeras anteriores en Montrebei (como *Assejats* en 2011 y *Dret a decidir* en 2012) reconoce que esta vía está «un poco metida con calzador, pero merecía la pena por el muro superior, que no estaba abierto y es muy bonito». Opina que las posibilidades para nuevas aperturas en Montrebei están ya muy limitadas, y no puede evitar recordar sus primeras visitas al congosto a principios de los 80, cuando apenas había un par de coches donde ahora hay un aparcamiento para cientos, aunque aclara: «Tampoco es que me dé pena, cada época es distinta. Hay que saber adaptarse, todo el mundo tiene derecho a ver lo bonito que es este lugar».

Força G

Toda una suerte haber encontrado una línea como esta en pleno 2024, tal y como relata Ferrán Saló, autor de *Força G* (250 m, 6b+/A1 o 7b), junto a Patricia Acevedo y Claudio Schechtel. Le cedemos la palabra: «Tenía vista una línea en la Paret de Catalunya que parecía muy evidente, así que repetí la *Mundo Feliz* a su derecha para comprobar la viabilidad del proyecto… ¿Una línea por fisura en un 70% de su recorrido, sobre roca buena, en Montrebei y que no estaba abierta? ¡Me ha tocado la lotería!

La idea era ir a abrirla con Claudio, ya que después de abrir *Eclipsats* en la Paret del Embut de Àger, nos prometimos repetir la experiencia. Pero, dado que ya me había "chivado" de la línea a varias personas y que las líneas por abrir en Montrebei escasean, me adelanté con Patricia y en marzo de 2024 abrimos los que serían L2 y L3 y empezamos el L4. Ya podía respirar tranquilo: la línea tenía su "meadita", ya no nos la podían birlar.

Un par de semanas más tarde, ya con Claudio, salimos del prado con la idea de completar la vía en dos días, previendo un vivac en la cima de la aguja. Llegamos a ese

FERRÁN SALÓ

FERRÁN SALÓ

punto con las primeras sombras y, a pesar de que no era plana y del chirimiri que empezaba, pudimos dormir cómodamente: 40 minutos de excavación con una piedra como herramienta y un toldo que nos llevamos solventaron el problema. Por la mañana, un mate tempranito y a por la cima.

La tónica era la misma: roca excelente y fisura. ¡No podemos creer que las vías vecinas hayan optado por las canales adyacentes en vez de una fisura tan llamativa! No pudimos terminarla ese día porque la famosa "tempestat nocturna" de Montrebei nos atrapó a dos largos de la cima. Tuvimos que buscar un escape en travesía horizontal hacia la feixa (con tirolina incluida para los petates) y salir por el último largo de la vía contigua. La tormenta no amainó hasta llegar al prado, cómo no…

Quedaban aún dos largos para la cima y uno en el contrafuerte inferior ¡y venía el verano! Tocaba esperar al fresquito y hasta octubre no pude subir desde Anda-

PAU HERRERO

situadas a la izquierda de *Vientos Pelegrinos*, en el denominado, según Picazo, como Mástil Mayor. El enigma de sus placas centrales finalmente ha resultado el más fácil de resolver (que no de escalar), siendo la entrada entre techos la parte más compleja. Descartamos entrar por la propia *Vientos* por la pésima calidad de la roca, decidiendo optar por una incierta entrada desde la derecha, inaugurada por Ganxets y su factoría. Gracias a su amabilidad, hemos usado sus dos primeros largos para salir flanqueando en busca de las perseguidas placas.

Se trata de una vía pensada para el libre pero altamente montrebeiana, con largos interminables, otros cortos, flanqueos variados, roca de excelente a "montrotei" y variedad de pasajes en sus más de 400 metros. Está dedicada al amigo Luis Manzaneda, aperturista y ávido escalador del congosto, quien falleció precisamente en Montrebei en un maldito accidente. Una línea que habíamos comentado y que, de haberla abierto él, resultaría más bella y, sobre todo, mucho más difícil».

LA TRONA

En esta corta aguja situada en la parte superior de la Paret de Catalunya, a la que se accede subiendo por el camino de bajada de la cumbre (unos 40' desde el prado), de nuevo Estel Parés y Pau Herrero surcaron en abril de 2023 dos nuevas vías. Una es *El Parany* (100 m, 6c+ [6b obl]), que va por la misma Trona y describen como «vía de fisura con roca todo terreno». Y la otra transcurre por la pared que queda oculta

lucía a por los deberes pendientes. Pero todo llega y finalmente pude subir. Las ansias eran tales que, como Claudio no llegaba hasta el mediodía, me lié en solitario a abrir el L1, en el contrafuerte inferior. Fui buena persona y me bajé a medio largo, para dejarle su mitad, que abrió casi a vista. Y por fin, repitiendo los largos inferiores para terminar de pulir algunas cositas, pudimos acabar los dos últimos largos y salir a cima. ¡Qué gozada! ¡Ya tenemos una vía en la catedral del Big Wall! ¡Y buena! (somos los padres, qué vamos a decir…).

Dos días más tarde hice la primera repetición integral con Albert 'Ganxets' y Ester Sabadell, que nos ayudaron a decidir si el último largo necesitaba algún seguro más. Pero no: los únicos 5 m de roca mala de la vía tan sólo necesitaban 50 minutos más de maza para darla por terminada.

El nombre original no era *Força G*, pero parece que el inicial no entusiasmó, así que como ya estaban las iniciales a pie de vía, buscamos algo con F y G. Más tarde alguien la llamó la *FerranGentino* (Claudio es argentino, de ahí el mate). Nos gustó, pero la topo ya rulaba, así que en *Força G* se quedó. Juana y Pol hicieron el primer encadenamiento completo. Ellos no vieron ningún paso raro. Cómo son los titanes… ¡no se enteran de los pasos duros! (han quedado de 7b)».

Vía del Manza

Se trata del más reciente añadido de la Paret de Catalunya, de hecho, como explica Pau Herrero, su aperturista junto a Estel, al cierre de esta edición aún no está rematada: «La *Vía del Manza* no tiene reseña definitiva ya que falta encadenar algún largo y hacer mínimos retoques». Con todo, se puede encontrar un topo provisional en el QR descargable al final de este artículo. Nos cuenta sobre ella: «Nuestra última apertura en Montrebei es de aquellas que requiere faena y oficio aperturista. Recorre las pocas debilidades

PAU HERRERO

ESTEL PARÉS

A la derecha, Ester Sabadell en la travesía del L5 (6b+) de *Dejectes*, y debajo, Santi y Albert en una reunión durante la apertura de esta vía. Bajo estas líneas, Pau progresa por la *Bèstia Negra* de la Agulla del Forat. Página izda, Estel Parés en la reciente –y vertical– *Vía del Manza*; y debajo, ella misma en la apertura de *Trucs a L'Alba*, que transcurre por detrás de la Trona.

ALBERT SALVADÓ

detrás de esta aguja, y la han bautizado *Trucs a L'Alba*, con otros 100 metros de recorrido y grado máximo 7b (6c obl). Dos buenas opciones para una jornada rápida.

AGULLA DEL FORAT

Esta aguja, situada junto al sendero que conecta el congosto con el parking de Puente de Montañana, recibe su nombre por un agujero (*forat* en catalán) característico que es atravesado por la vía *Centauros del desierto* (abierta en 1997). Como describe Estel Parés en su blog, presenta buena roca, a menudo adherente y abrasiva. Cuenta con nueve itinerarios, la mayoría recomendables y combinables, y su cima ofrece un espectáculo en primera fila del congosto. Su accesibilidad (30-40 min) y vías cortas y rápidas hace que sea una opción ideal para días de meteo dudosa o para una mañana de verano (es oeste, sombra hasta las 13:30 h). Su último añadido, abierto por Estel y Pau en abril de 2023, es la *Bestia Negra* (110 m, 6c+ [6b obl]).

Pared de Aragón

Dejectes

Como cuenta Santi Gracia, uno de los creadores de esta línea, «la parte izquierda de la Pared de Aragón es una de las menos atractivas de Montrebei. Terreno desigual, roca variable y vías que principalmente combinan artificial y libre. El peaje de entrada a *Dejectes* fue importante, algunos

SANTI GRACIA

largos de trabajo intenso para empezar a enlazar placas de cada vez mejor calidad y lograr, en conjunto, homogeneidad en el trazado, belleza de algunos pasajes y un buen regusto final». La abrió con Albert Salvadó y Alex Estela en noviembre de 2022, dejando un recorrido de 240 metros y grado máximo 7a (6b+ obl). Es cara sur, por lo que puede ser una buena opción para los días fríos de invierno.

Sons of bitch

Al igual que la anterior, esta se sitúa en la zona izquierda de la pared, con orientación sur. La abrió el inagotable Luis Alfonso con Javier Aranda en 2023, y el nombre viene porque, en un segundo ataque de la apertura, cuando fueron a recuperar el material que habían dejado en la R4, descubrieron que algún *son of bitch* se lo había robado. Tuvieron por tanto que bajarse y volver otro día para rematar esta vía, de 200 metros y grado 6c/Ae (o 7b), que dejaron bastante equipada y transcurre por placas y muros con algún tramo de roca a vigilar, pero buena en general.

ZONA FEIXA DELS ESPÀRRECS

En esta franja de pared que desde lejos parece herbosa pero, según te aproximas, va desplegando la calidad de su caliza gris, se han creado varias líneas cortas los últimos años, con predominio de la escalada en placa. Una de ellas es *Grit* (60 m, 6c [6a+ obl]), abierta en 2023 por Santi Gracia y Luis Alfonso. Dos largos de 30 metros rapelables que cuenta con algunas chapas, a reforzar con friends.

Y del mismo año y estilo similar, ubicada a unos 200 m del inicio de la Feixa, es la *Rampells* (65 m, 6a+), a cargo de Pau Herrero, Santi Gracia y Estel Parés.

Quimioter-Tapia y las 20 vidas de Albert Segura

También con inicio en la Feixa dels Esparrècs, a la izquierda de la *Markitos*, Joaquín Olmo, Alberto Luque y Albert Segura crearon esta vía en noviembre de 2022, con 250 m de recorrido y 7a+ de grado máximo (6b obl). El mismo Albert nos cuenta que la apertura vino después de que hubiera superado un cáncer, y de ahí el nombre. Pero la intensa relación de Albert –escalador y guía de montaña con más de 25 años de experiencia en paredes de todo el mundo– con el congosto le ha situado otras veces al borde de la muerte. En concreto hace algo más de dos años, repitiendo la vía *El dios de la luz*, en la zona de la Pertusa, que estaba haciendo en solitario para escalarla posteriormente con una clienta, se desprendió el tramo de pared en el que estaba, provocando que un trozo de roca le golpeara y se diera un gran vuelo que le dejó varias horas colgando, hasta que pudo sacarle de allí el helicóptero. Tardó unos meses en recuperarse y en esa etapa escribió el libro *20 vidas* (Autoedición, 2023) en el que relata esta y otras ocasio-

COL. ALBERT SEGURA

nes en las que la Parca le puso a prueba. Cuando se restableció y tras el susto de la enfermedad, fue cuando abrió *Quimioter-Tapia*, junto a sus amigos.

Despues de aquello, haciendo una repetición de la vía *Ksur-ul-aina*, en el primer largo de nuevo sintió cómo el terreno que pisaba se desvanecía cuando prácticamente toda la repisa en la que estaba se desprendió de la pared. Aterrizó unos 35 metros más abajo, con una escápula partida, un dedo roto y heridas de diversa gravedad, aunque de aquella pudo salir andando por su propio pie. Desde entonces se ha centrado en su recuperación, frecuentando el gimnasio, practicando yoga, meditación, cuidando todas las facetas de la salud... y asegura que ahora, a sus 51 años, se encuentra mejor que nunca: «Me siento hasta agradecido por todo el aprendizaje, ahora estoy más feliz y me siento con más energía que nunca, con proyecto de viajar por el mundo con mi mujer y mi hija».

Albert no quiere dejar pasar la oportunidad de compartir las reflexiones que se ha hecho tras sus últimos accidentes en Montrebei, zona de la que era habitual

ALBERT SEGURA

en sus primeros años de escalador y donde ha participado en otras aperturas: «Personalmente, no escalo cuando ha habido lluvias recientes, dejo pasar al menos una semana. Por ejemplo este año ha llovido dos meses casi a diario, el clima está cambiando y esto afecta a las paredes y a la roca, que se vuelve más inestable. Sobre todo son importantes los cambios bruscos de temperatura. Tenemos que ser conscientes de esto. Cada vez está habiendo más accidentes por estos motivos. Si decides ir a la pared con la roca aún mojada, al menos que sepas a lo que te estás exponiendo».

ZONA PILASTRA DELS VOLTORS
Sin Ganxets

«Sorpresa, alegría, incredulidad y satisfacción serían algunas palabras que podrían definir algunas de las últimas líneas que hemos imaginado y dibujado en el santuario de Montrebei estos últimos años», nos comparte Santi Gracia. «Unas seis vías en total y algún proyecto en proceso, variadas en longitud, dificultad u orientación. En todas ellas, unas máxi-